작게 나누어 생각하기

문제를 해결하는 단순하고 강력한 도구

작게 나누어 생각하기

스가와라 겐이치 지음 | 김정환 옮김

센시오

성과를 10배로 만드는
분해사고의 힘

애쓴 노력에 보상받지 못한다. 열심히 노력하는데 제대로 평가받지 못한다.

일하고 또 일해도 일이 영원히 끝나지 않는다.

당신은 이렇게 느낀 적 없는가?

열심히 노력하는데 보상받지 못하는 것은
사고법이 잘못됐기 때문이다.

결과를 내기 위해 노력하라고 요구받지만 그 노력의 끝엔 과연 무엇이 있을까? 그리고 어떻게 해야 좋은 결과를 낼 수 있을까? 내가 맡은 일에서 정말 좋은 결과를 낼 수 있을까?

작게 나누어
생각하기

이대로 무작정 열심히 노력한다고 과연 실적이 오르거나 승진, 연봉 인상 같은 보상을 얻는 미래가 찾아올까?

이런저런 걱정을 하다가 결국 미래는 누구도 알 수 없기에 한숨을 쉬며 눈앞의 업무에 몰두한다.

바로 과거의 내가 그랬다.

그렇다면 왜 노력을 보상받지 못한 걸까? 지금 생각해 보면 당연한 결과지만 당시 내가 했던 노력은 그럴 수밖에 없었다(혹시 당신도 열심히 노력하고 있는데 생각처럼 일이 풀리지 않는다면 과거의 나와 같은 상황에 빠졌을 가능성이 있다).

요즘 세상에서는 일에서 성과를 얻기 위해 필요한 능력이 '노력과 노동량'에서 '효율과 두뇌 노동력'으로 바뀌고 있다.

그저 무작정 노력하는 건 가장 비효율적인 행동이다.

먼저 '진짜 중요한 일은 무엇인가?'를 판단한 다음
이 일을 '어떻게 해야 가장 좋은 결과로 끝낼 수 있는가?'
이렇게 궁리해야 한다.

당신이나 과거의 내가 100시간을 들여도 끝내지 못했을 일을 효율적인 사고로 접근해 단 10시간 만에 끝내 버리는 사람들이 존재한다. 그들은 무작정 100시간을 들여 일하지 않는다. 먼저 진짜 중요한 일이 무엇인지부터 생각한다. 그리고 굳이 해야 할 의미가 없다고 판단한 불필요한 부분은 줄인다.

그렇다. 지금의 세상에는 두 종류의 사람이 있다.

노력을 보상받는 사람과 보상받지 못하는 사람이다.

그래서 애쓴 노력이나 일한 시간을
결과로 연결시키는 사고법이 중요하다.

나는 노력을 보상받지 못하는 사람이 확실한 결과를 낼 수 있는 사람으로 탈바꿈하도록 돕기 위해 이 책을 썼다. 풀리지 않는 문제로 고민하는 사람, 성장하고 싶은 사람, 어떻게 해야 더 좋은 방법을 찾을 수 있는지 알지 못하는 사람, 하고 싶은 일이 있지만 구체적으로 결정하지 못하는 사람… 이런 사람들에게는 한 가지 공통점이 있다.

바로 과제나 목표, 원하는 미래가 모호하다는 것이다.

이런 중요한 요소들을 모호하게 내버려두지 말고 구체화해야 한다.

모호한 생각을 분해해야 한다.

사업을 확실한 성공으로 이끄는 성공 청부사로서 수많은

기업의 자문을 맡고 있는 내가 사용하는 사고법이 바로 '**분해 사고**'다.

머릿속으로 아무리 생각해봐도 진전이 없다고 느끼는 일은 일단 분해를 하고 종이에 적으며 정리한다.

모르는 것이 나오면 조사해서 정보를 늘려나가며 다시 생각한다.

작게 나누어 생각하면 반드시 문제를 해결할 수 있다.

문제도, 목표도, 계획도
작게 나눌수록 선명하게 보인다!

'생각은 열심히 하는데 제자리에서 빙글빙글 맴돌 뿐 결론이 나지 않는다.'

'머릿속이 마치 안개가 낀 것처럼 뿌옇게 되어버려 대체 뭐부터 생각해야 할지 모르겠다.'

'상대방에게 하고 싶은 말을 제대로 전할 수가 없다.'

'열심히 노력하는데 결과가 나오지 않는다.'

이렇게 자기 나름대로 열심히 궁리해봐도 좀처럼 답이 나오지 않아서 앞으로 나아가지 못할 때가 있다. 이런 고민의 해결책은 하나뿐이다.

커다란 생각 덩어리를 나눈다!

하나의 생각 덩어리를 작게 나누면 된다!

작게 나누어
생각하기

그렇다. 크고 막연한 일을 작게 나눠서 생각하면 되는 것이다. 이것만 해도 지금까지 해결하지 못했던 문제나 좀처럼 손을 댈 엄두가 나지 않은 일을 해결할 수 있다. 커다란 문제를 작게 나눠서 생각하면 문제 속에서 정말로 해결해야 할 과제를 찾아내 불필요한 노력을 하지 않고 결과를 낼 수 있다. 이것이 이 책을 통해 전하고자 하는 중요한 사실이다.

시급 300만 원을 받고 알려주는 생각 정리법

현재 나는 '문샷Moonshot'(달 탐사선 발사를 가리키는 용어. 종종 혁신적인 일이나 프로젝트를 뜻할 때 쓰인다-편집자)이라는 회사에서 다양한 기업에 자문하는 일을 하고 있다. 이렇게 소개하면 "컨설턴트군요."라는 말을 들을 때가 종종 있는데 내 일은 컨설팅과 비슷하면서도 다르다.

한마디로 말하면 '벽치기'다. 마치 스쿼시를 하듯 '생각의 벽치기'를 한다. 누군가 막연한 아이디어나 답이 보이지 않는 문제를 갖고 있을 때 함께 이야기하면서 생각을 정리하는 것이다. 나는 이 '벽치기의 파트너'가 되어 클라이언트의 의뢰를 함께 풀어가는 일을 하고 있다.

보통 전략 컨설팅 회사에서는 많은 인원이 3개월 정도의 일정으로 프로젝트를 진행한다. 먼저 클라이언트의 업계에 관한 자료를 짧은 시간 동안 읽고 클라이언트가 안고 있는 과제와 해결책을 정리한 다음 파워포인트를 사용해서 전략을 제안하는 식으로 일을 진행한다. 두뇌 노동이면서도 상당히 육체 노동에 가까운 작업이 요구된다.

한편 내가 하는 일은 경영자의 이야기를 듣고 상담해주는 것이다. 경영자와 일대일로 이야기를 나누며 이런저런 조언을 한다. 아무런 자료도 만들지 않고, 과제 같은 것도 없다. 그럼에도 1년에 약 열 개의 회사와 계약을 맺고 있으며 그중에는 5년 전 창업한 이래 줄곧 계약을 유지하는 회사도 있다.

내 고객이 되는 회사들은 '뭔가 생각처럼 일이 풀리지를 않아', '좀 더 성장할 수 있을 텐데…' 하는 생각을 품고 있다. 다만 그들은 '왜 일이 잘 풀리지 않을까?', '왜 생각만큼 회사가 성장하지 못할까?'라는 진짜 문제나 과제를 찾아내지 못할 뿐이다. 그래서 내가 생각의 벽치기를 통해 함께 찾아낸다. 물론 문제(과제)를 해결하기 위해 새로운 시장이나 사업 개척과 같은 더 넓은 차원의 제안을 할 때도 있고, 경영자의 마인드 전환을 독려하기도 한다.

문제의 해결책은 여러 가지가 있다. 나는 결코 "이렇게 하시죠."라고 일방적으로 유도하는 방식을 쓰지 않는다. 경영자와 이야기를 나누며 그의 발언을 계속 끌어내고 정리해 경영

작게 나누어
생각하기

자가 스스로 문제를 발견하고 해결책을 깨닫게 한다.

이 일의 시간당 보수는 300만 원이다. 말하자면 '시급 300만 원의 생각 벽치기'를 하는 셈이다. '이야기 상대가 되어줄 뿐인데 시간당 300만 원을 받는다고?', '남이 말한 생각을 정리할 뿐인데?'라고 생각할 수도 있다. 그럼에도 이 일을 5년 넘게 하고 있는 이유는 고객이 혼자서는 찾아낼 수 없었던 '문제'로부터 '과제'를 발견하고 더 적절한 '해결책'을 찾아내 그 회사가 발전하도록 확실히 돕고 있기 때문이다.

생각의 벽치기에 쓰는 방법은 지극히 심플하다.

쉽게 말하면 **'작게 나눠서 생각할 뿐'**이다.

나는 30대에 다니던 회사를 100억 원대에 매각하고 이후에도 그 회사에서 CMO(최고마케팅책임자)로 일하며 3년 만에 매출 2,000억 원을 올리는 회사로 성장시켰다. 또 '마케팅의 신' 필립 코틀러가 개최하는 코틀러 어워드에서 엄선해 뽑는 심사원으로 활동한 이력도 남겼다. 그리고 엔젤투자자로서 누적 30개에 이르는 회사에 투자하고 있다. 참고로 나는 대학교에 다니지 않았다. 취득한 자격증도 자동차운전면허증뿐이다. 그러나 작게 나누어 생각하는 사고법으로 나 자신조차 예상하지 못한 인생을 살고 있다.

이 책을 통해 '작게 나누어 생각하는' 분해사고를 독자에게 소개하려 한다.

일이 뜻대로 풀리는 사람과
풀리지 않는 사람은 무엇이 다를까

수많은 기업과 개인을 만나고 다양한 프로젝트에 참여하며 한 가지 깨달은 것이 있다. 바로 일이 뜻대로 잘 풀릴 때와 풀리지 않을 때의 차이점이다. 그것은 바로 **올바른 목적(목표)을 정하기 위해 목적을 분해했는가, 하지 않았는가다.**

분해, 다시 말해 '낱낱이 나누는 것'은 다양한 부분을 깎아내고 연마하는 작업이다. 다이아몬드 원석에서 불순물을 깎아내 아름다운 보석으로 만들거나 커다란 고깃덩이를 손질해 최상의 부위를 남기듯 정말로 가치 있는 부분만을 추려내는 일이다.

우리가 무언가를 고민하는 이유는 그 현상(문제)이 너무 크거나 복잡하기 때문이다. 크다는 것은 '막연하다'는 의미이며, 복잡하다는 것은 '복수의 요소가 얽히고설켜 있다'는 뜻이다. 이를 분해하면 좀 더 구체적으로 보이거나 손을 대기 쉬운 내용이 되거나 훨씬 명확해진다. 이를 통해 문제나 과제가 되는 요소를 찾아냈다면 다음에는 우선순위를 정해서 해결해나가면 그만이다.

일이 뜻대로 풀리지 않는 사람이나 조직은 눈앞의 사소한 일에 쫓긴 나머지 목적을 잃어버리는 경우가 많다. 이들은 보통 '열심히 노력해도 성과가 나지 않는다', '일단 결과를 내긴 했지만 다음에도 해낼 수 있을지 자신이 없다'라고 느낀다. 그 원인을 살펴보면 대체로 분해를 적절히 하지 못했기 때문이다. 혹은 목적(목표)의 덩어리가 너무 큰 나머지 모두가 공통된 인식을 공유하지 못했거나 이뤄내기 위한 구체적인 방법을 떠올리지 못한 경우도 있다. 이번에 간신히 목표를 달성했는데 "다음 목표 수치는 2배입니다."라는 말을 듣는 순간 '난 못 해', '그걸 무슨 수로 달성하란 거야?'라는 생각부터 든다면 목적(목표)를 분해하지 않았기 때문이다.

한편 일이 뜻대로 잘 풀리는 사람이나 조직은 하나의 거대한 목적(목표)을 이루기 위해 우선 목적(목표) 그 자체부터 적절히 분해하고 이를 통해 불필요한 작업을 없앤다. 예를 들어 구글은 OKR^{Objectives and Key Results}(목표와 핵심 결과)이라는 방법으로 거대한 목표를 분해하고 개별적인 목표를 결정한다. 개인의 경우도 살펴보면 메이저리거로 활약 중인 오타니 쇼헤이가 '만다라트^{Mandal-art}'(만다라 사고법)를 썼다는 이야기는 잘 알려져 있다. 그는 고등학교 1학년때 '드래프트 1위로 프로야구 선수가 된다'는 꿈을 이루기 위해 필요한 일들을 분해해 종이 한 장에 정리한 뒤 그 종이에 적은 대로 노력을 거듭했다고 한다. 꿈처럼 느껴지는 거대한 목표를 실현하기 위해 해야 할 일을 분해한 다음 하나하나 달성해나간 것이다.

누구에게나 '이렇게 되고 싶어'라는, 이루고픈 이상적인 모습이나 생활, 꿈이 있다. 그러나 '이렇게'라고 생각하는 이 상향을 그냥 모호하게 내버려둔다면 절대 이룰 수 없다. '연봉 1억 원을 받는 사람', '대중 앞에서 말하는 직업을 갖는다' 와 같이 구체적으로 분해해 생각하기 시작하면 실현하는 방법을 반드시 발견할 것이다.

작게 나누어 생각하면 목적(목표)을 보는 눈이 달라져 사물이나 현상을 다르게 보게 되며 이뤄낼 명확한 방법을 찾을 수 있게 된다.

머리가 좋은 사람, 능력 있는 사람은 분해사고를 한다

작게 나누어 생각하는 분해사고를 쉽게 이해하려면 '해상도'를 떠올리면 된다. 구형 카메라나 휴대폰으로 촬영한 영상은 해상도가 낮아 최신 사양의 컴퓨터나 기기로 열어 보거나 확대하면 세세한 부분은 마치 모자이크처럼 표시되어 잘 보이지 않는다. 반면 높은 해상도로 촬영된 영상은 세세한 부분까지 매우 또렷하고 선명하게 잘 보인다.

생각의 '해상도'가 높은 사람은 대체로 사물을 넓은 시야로 내려다보며 나아가 세밀하게 분해해서 바라본다. 덕분에 구체적이고 상세하게 생각할 수 있다. 또한 어떤 방안을 떠올린 후에 그것이 만약 '분해된 일부분'에 그친다면(즉 본질적인 것이 아니라면) 그 사실을 금세 파악하고 다른 더 좋은 방안을 모색한다.

사물이나 현상을 분해하지 않으면 막연한 생각밖에 할 수 없어서 다른 사람에게 자신의 생각을 말로 표현하지 못하거나 너무 추상적으로 전달해 상대방이 의도를 전혀 파악할 수 없다. 혹은 반대로 다른 사람이 말한 대로 하자며 성급하게 행동하거나 '예산을 늘리자', '무엇이든 해보자', '일단 열심히만 하자'는 식의 상투적인 결론만 내게 된다.

만약 회사에서 인원이나 예산을 늘리자는 막연한 결론을 내면 달성해야 하는 이익 목표도 그만큼 증가할 수밖에 없다. 그러면 그저 영원히 '노력'만 할 뿐인 개인이나 조직이 되기 쉽고, 당연히 미래는 불안해질 것이다.

'더 나은 선택지를 골라서 가치가 높은 일을 효율적으로 할 것인가?'

'그저 열심히 노력만 하다 눈앞에 놓인 일에서 벗어나지 못할 것인가?'

이 차이는 오직 '작게 나누어 생각한 뒤 진짜 중요한 일을 발견하고 그 일에 몰입하는 습관이 있는가'에서 만들어진다.

[그림 0-1] 계속 고민만 하는 사람과 분해사고로 답을 찾는 사람

매출 매출
매출
매출
매출

고객	판매 전략
재방문 고객	박리다매
첫 방문 고객	고급화 노선

이 부분을 개선할 수 있을 것 같아

무엇을 해야 할지
생각이 막연하기 때문에
계속 고민만 한다

작게 나누어 생각하니
무엇을 해야 할지
답이 보이기 시작한다

과제: 매출을 올리는 방법을 찾아라

분해사고는 누구나 실천할 수 있는 사고법이다. 부디 당신도 이 사고법을 익히길 바란다.

답을 찾는 가장 빠른 지름길이 필요하다면

잠시 과거로 돌아가서 내가 왜 분해사고를 하게 됐는지 이야기하겠다. 20세에 엔지니어로 일을 시작했는데 결코 실력이 우수한 엔지니어는 아니었다. 당시 휴대폰으로 메일을 주고받거나 인터넷 익스플로러를 이용하는 서비스가 등장했고 관련 프로그램을 개발하는 일을 맡았다.

그때는 휴대폰으로 인터넷을 쓰는 일이 드물었던 때라서 우리 회사 서비스에 이용자가 몰려들었다. 지금은 AWS Amazon Web Services(세계 최대 클라우드 컴퓨팅 서비스인 아마존 웹 서비스) 같은 온라인 대형 서버가 있어 돈만 들이면 이용자의 증가에 맞춰 자유롭게 서버 대수를 늘릴 수 있지만, 당시는 그런 서비스가 없었다. 그래서 하루아침에 서버 대수를 10배로 늘리는 일은 불가능했다. 그렇다고 물리적으로 서버를 증설하기까지 약 한 달 동안 서비스를 중지할 수도 없어서 엔지니어들은 처리 속도가 10배 더 빨라지는 프로그램을 직접 개발해야 했다.

서비스를 시작할 때는 좋았다. 그러나 바로 다음날부터 인기가 폭증해 이용자가 몰리는 바람에 서비스가 먹통이 되어 수 시간 내에 복구하지 않으면 상당한 손실이 발생하는 등의 위험한 상황에 종종 직면했다. 이런 문제를 마주했을 때 내가 필요에 쫓겨서 했던 일은 현상을 나누어 생각하는 것이었다. 먹통이 된 서비스를 다시 작동시키기 위해 모든 요소를 분해해서 사고하는 습관이 생긴 것이다.

우선 '접속이 증가하면 왜 서버가 다운될까?'를 생각하면 그 원인은 네트워크와 프로그램이라는 두 가지 문제로 나눌 수 있었다(쉽게 말하면 통신 속도가 느리거나 프로그램 용량이 무겁거나 하는 이슈다). 만약 네트워크에 문제가 없다면 어떤 프로그램에 문제가 있는지 혹은 프로그램에서 사용하지 않아도 되는 부분을 불필요하게 활성화한 탓에 느려지는 것은 아닌지 등 생각할 수 있는 원인을 분해해 나갔다. 문제 현상의 요소를 전부 분해하고, 각 요소에 문제가 없는지 확인하고, 고쳐야 할 부분을 발견하면 집단의 힘을 모아서 고쳐 나갔다.

하나하나 분해해서 요소를 나눈 이유는 모든 요소를 재검토할 시간적 여유가 없었기 때문이다. 머릿속에 떠오른 방법을 모두 시험해보는 것도 좋지만 그럴 경우 시간이 너무 오래 걸릴 뿐 아니라 실패하면 돌이킬 수 없기 때문에 그 방식을 선택할 수 없었다.

그 뒤로도 매일같이 문제가 발생했고 그때마다 문제 요소를 분해한 다음 원인이 있는 부분을 찾아내 고쳤다. 이런 일상은 3년 정도 계속됐다. 덕분에 작게 나누어 구체적으로 문제를 찾아내는 사고방식이 습관으로 자리잡았다.

분해사고는 문제나 과제를 올바르게 특정하고 이를 해결하기 위한 행동을 빠르게 결정하게 돕는다. 단언컨대 **필요한 답을 찾는 가장 빠른 지름길이 되는 단순하지만 편리한 방법이다.**

[그림 0-2] 요소를 분해해서 문제를 특정한다

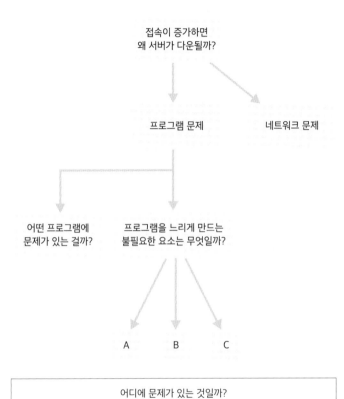

접속이 증가하면
왜 서버가 다운될까?

프로그램 문제

네트워크 문제

어떤 프로그램에
문제가 있는 걸까?

프로그램을 느리게 만드는
불필요한 요소는 무엇일까?

A   B   C

어디에 문제가 있는 것일까?

사고의 차이가 인생의 질을 바꾼다

인생이든, 일이든 뜻대로 잘 풀리는 사람은 일단 무엇이 중요한지 잘 알고 있다. 중요한 것부터 생각한 후 어떤 행동이 필요한지 명확히 판단하고 필요한 최소한의 노력으로 100퍼센트 이상의 결과를 이끌어낸다.

제3자의 눈에는 일이 잘 풀리는 사람도, 그렇지 않은 사람도 똑같은 방식으로 문제를 대하는 것처럼 보이지만 실제로는 큰 차이가 있다. 최단 거리로 확실히 목표를 달성하기 위한 분해사고를 하는 사람과 타성에 젖어 문제를 뜯어 살피지 않고 눈앞의 일만 처리하는 사람. 이 두 가지 사고 유형의 사람에게는 전혀 다른 미래가 펼쳐진다.

- 진짜 중요한 한 가지가 무엇인지 안다
- 요소를 적절히 분해한다
- 누가, 무엇을 해야 하는지 정한다
- 오늘, 내일, 한 달 후, 1년 후에 해야 할 일과 목표 결과를 정한다

위와 같이 이루고자 하는 일을 면밀하게 파악해야 한다.

자, 당신이 오늘 하려는 일을 생각해보자. 만약 내가 당신

작게 나누어
생각하기

에게 "그 일을 왜 해야 하나요?"라고 묻는다면 어떻게 답할 것인가? '그냥 업무라서', '상사가 시켜서', '단골 고객이 요청해서'…. 물론 이런 것도 이유가 될 수 있다. 그렇다면 한 번 더 물어보겠다. 그 일이 회사의 커다란 목적과 연결되어 있다고 말할 수 있는가? 그 일이 사회의 어떤 부분과 연결되어 무슨 가치를 만들어 내는지 알고 있는가? 그 일이 다른 무엇보다 중요한가? 만약 이 질문들에 답하지 못한다면 지금 당신의 노력은 아무런 보상을 얻지 못할 것이다. 지금 하려는 일이 중요한 일이 아니기 때문이다.

일이 뜻대로 잘 풀리거나 그런 조직에 몸담고 있는 사람이라면 오늘 당신이 몰입하고 노력하려는 일이 팀이나 회사의 커다란 목적(목표)을 이루는 데 중요한 일이라고 확신한다. 그리고 당신은 그 일이 사회에 어떤 가치를 가져다주는지 안다고 확신한다. 이는 당신이 불필요한 일에 시간과 노력을 헛되게 쓰지 않는다는 의미이며 무엇을 하든 좋은 성과를 내고 충분한 성취감을 얻고 있다는 뜻이다.

이처럼 분해사고로 중요한 일이 무엇인지 정확히 파악하고 있는 사람은 효율적인 방법과 최선의 답을 반드시 얻는다. 만약 지금 일도, 인생도 뜻대로 이뤄지지 않거나 노력한 만큼 보상받지 못한다고 느낀다면 이 책에서 알려주는 분해사고를 통해 자신의 목표와 목적을 재검토해보기 바란다.

[그림 0-3] 분해사고를 하는 사람과 하지 않는 사람의 차이

분해사고를 하는 사람

하나의 큰 목표를 여러 개의 목표로 분해한다. 각각의 목표를 달성하기 위해 몇 가지 해야 할 일을 정한다. 이 일들은 취사선택할 수 있게 한다.

분해사고를 하지 않는 사람

하나의 큰 목표를 모호하게 인식한다. 해야 할 일은 산더미처럼 많지만 목표와 명확하게 연결되지 않은 상태로 있다.

작게 나누어 생각하면 지금껏 몰랐던 많은 것이 새롭게 보이기 시작할 것이다.

● 제2장

커다란 문제를
작게 나누는 방법

● 제3장

세상의 모든 문제는 더 작게,
더 선명하게 나눌 수 있다

● 제4장

인생의 목표도 작게 나눌수록 실현 가능성이 커진다

● 제5장 ━━━━━━━━━━━━

여럿이 나누면
더 선명해 진다

에필로그

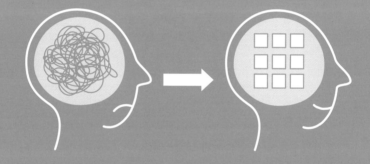

제1장

생각의 덩어리를

작게 나누어라

진짜 중요한 것을 찾아내는 '분해사고'

'분해사고'란 글자 그대로 나누어 생각하는 것이다. 분해 사고를 하면 이런 일들이 가능해진다.

· 문제(현상)의 해상도 높이기
· 문제(현상)를 명확히 밝히기
· 진짜 중요한 과제 찾아내기

'나누어' 생각한다는 것은 무엇일까?

'나누기'의 장점은 무엇일까? 가장 기본적인 개념부터 살펴보자.

예를 들어 상사가 당신에게 "이번 분기에는 매출을 2배로 높여줬으면 해."라는 지시를 했다고 가정하자. 이때 단순히 '매출만 2배로 높이자'고 생각하면 무슨 업무부터 손대야 할지 감이 잡히지 않아서 '일단 많이 팔면 되겠지' 하는 생각으로 무작정 영업을 다니기 쉽다.

그러나 매출액이라는 숫자가 어떻게 만들어지는지를 분해해서 생각해보자.

> 매출액=고객수×객단가(1명의 고객이 1회 구매 시 지불하는 평균 금액)

이렇게 분해하고 보면 매출을 높이기 위해 해야 할 일에 대한 선택지가 생겨난다. 즉 구체적으로 해야 할 행동이 무엇인지 알게 된다. 그리고 무슨 업무부터 개선해야 그 목적을 쉽고 편하게 달성할 수 있을지 혹은 업무별로 분담해서 각각의 숫자를 개선할지를 생각할 수 있다.

또 다른 예를 들어보자. 회사의 영업팀 후배가 당신에게 "왠지 업무가 생각대로 진행되지 않네요."라고 고민을 털어놓

작게 나누어
생각하기

[그림 1-1] 막연한 지시사항을 분해해 구체적으로 만든다

았다. 후배의 말이 너무 막연하게 들려서 무슨 조언을 해줄지 알 수가 없다. 그런데 그 후배의 업무를 분해해 보면 어떻게 될까?

고객과 약속을 잡지 못하는가?
애초에 타깃이 아닌 고객을 대상으로 영업하고 있는가?
고객과 대면했을 때 설명 방식에 문제가 있는가?
계약을 성사시키기 위한 진행 방식이 잘못되었는가?
이 요인들이 동시에 복합적으로 작용하고 있는가?

이처럼 후배의 업무를 분해해 살피면 막연했던 문제의 정체가 눈에 보이기 시작한다. 유능한 사람은 이런 분해사고를

[그림 1-2] 막연한 고민을 분해한다

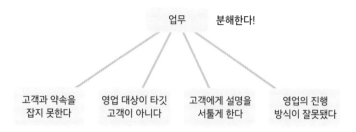

일에서 실천한다. 특히 "문제가 무엇인지 꿰뚫고 있다."는 평가를 받는 사람은 분해의 정밀도가 높으며 덕분에 적절한 방법을 선택해 효율적으로 높은 성과를 낸다.

[그림 1-3] 분해의 정밀도가 높은 사람과 낮은 사람의 사고 차이

분해의 정밀도가 낮은 사람의 사고
"일단 열심히 노력해서 매출을 높이자."
"왠지 업무가 생각대로 진행되지 않네요."

분해의 정밀도가 높은 사람의 사고
"우선 객단가를 높이기 위해 이런 방법을 써보자!"
"타깃이 아닌 고객을 상대로 영업을 해서
약속을 잡지 못하는 게 아닌가 하는 생각이 들어."

분해사고는 일종의 논리적 사고다

분해는 '논리적 사고'와 닮은 면이 있다.

그림 1-4(36페이지 참고)와 같은 그림을 본 적이 있을 것이다. 이 그림을 보면 아래로 내려갈수록 요소가 분해되어 구성요소가 구체적으로 한눈에 잘 보인다. 반대로 위로 올라갈수록 추상적으로 보이거나 더 상위 단계의 관점이 나온다.

물론 "이 정도는 다 알아."라고 할 수 있다. 그러나 개념 자체는 알더라도 구체적인 업무나 일상 속에서 이를 전혀 적용하지 않는 사람이 많다. 그래서 똑같은 고민을 반복하거나 막연한 이야기만 계속해서 원활한 소통을 하지 못하는 것이다.

이 책에서 소개하는 **분해사고는 일과 일상에서나 생기는 문제로 고민할 때 논리적 사고보다 더 간단하고 효율적으로 단숨에 해결책을 찾 수 있는 사고법이다.**

분해사고의 장점은 무엇일까?

분해사고의 장점은 무수히 많지만 실제로 문제 해결이나 목표 달성에 직접 적용해봤을 때 누구나 쉽게 경험하게 되는 이점이 있다. 그 내용을 좀 더 자세히 살펴보면 대표적으로

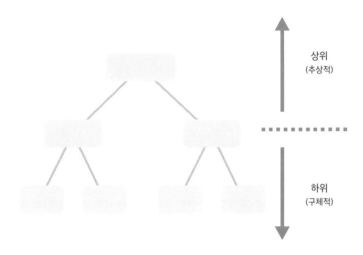

[그림 1-4] 분해사고와 논리적 사고

상위
(추상적)

하위
(구체적)

다음과 같다.

최소 노력, 최대 결과! 생산성이 오른다

세상은 인구 감소 시대에 돌입했다. 생산 인구, 즉 노동력
이 늘지 않을 상황이 분명해지면서 사람들은 '생산성'에 주
목하기 시작했다. 개인의 생산성을 1에서 2로 높인다면 같은
인구수라도 생산량은 2배가 된다. 이제는 인원수를 늘리기보
다 생산성을 높이는 편이 합리적이라는 인식이 정착되고 있
는 것이다.

작게 나누어
생각하기

생산량=생산 인구(노동력)×생산성(1인당 노동량)

만약 생산량을 2배로 늘리고 싶다면…

생산량×2=(생산 인구×2)×생산성 → 사람을 더 고용해야 한다.

생산량×2=생산 인구×(생산성×2) → 1인당 효율을 높이자!

이런 상황에서 분해사고는 생산성을 높여 더 중요한 일에 시간을 쓰기 위한 도구가 된다. 분해사고를 하면 헛된 수고와 낭비가 사라져 업무를 효율화할 수 있기 때문이다.

이제 앞으로 양보다 질이 중요한 시대가 될 것이다. 인터넷 시대 이전의 제조업 시대에는 하루아침에 10배 더 많은 수의 제품을 갑자기 생산해내는 일이 불가능했다. 그러나 인터넷 시대인 지금은 정보를 손쉽게 복제할 수 있어 내일 당장 10배 혹은 100배의 서비스를 제공하는 것이 어렵지 않다. 다만 그 정도의 양을 팔기 위해서는 질적인 측면이 수반되어야 한다는 대전제가 필요하다. 이를 위해서도 헛수고를 최대한 피하면서 결과물의 질을 높이는 데 능력과 시간을 사용하는 편이 좋다.

모호한 설명이나 문제가 또렷해진다

일에 대한 고민이 있는 당신이 상사에게 "업무가 원활하게 진행되지 않습니다."라고 고민을 털어놓는다고 해보자. 상사의 입장에서는 '원활하지 않다'는 것이 무엇인지 감이 잡히지 않아 제대로 상담해주지 못할 것이다. 반면 "지금 업무 흐름상 이 단계에 너무 많은 시간이 쓰여서 일정대로 해나가기 힘듭니다. 그래서 제안을 드리자면 일부 업무 순서를 바꾸는 편이 좋지 않을까요?"라고 말한다면 상대에게도 전하고 싶은 바가 분명하게 전달될 것이다(그림 1-5 참고).

일반적으로 '유능하다', '머리가 좋다'는 평가를 받는 사람은 문제를 분해해 구체적인 과제로 이야기할 줄 안다. 물론 분해사고를 너무 심하게 해도 전하려는 바가 복잡해져 제대로 전달되지 않는다. 당신의 말을 듣는 상대에게 맞춰 문제의 대상을 분해해 설명할 수 있게 되면 이전과 똑같이 행동하더라도 당신을 바라보는 주위의 시선이 달라질 것이다.

상대방에 따라 필요한 것만 이야기할 수 있다

문제를 전체적으로 분해해 살펴보면 대화 상대에 맞춰 어떤 내용을 전해야 할지 알 수 있으므로 대화가 원활해진다. 예를 들어 식당 체인점에 '악화되는 실적을 회복시키자'라는 회사 차원의 목표가 있다고 가정하자. 실적 악화의 원인을 조

작게 나누어
생각하기

[그림 1-5] 분해사고는 전달하고 싶은 말을 분명하게 만든다

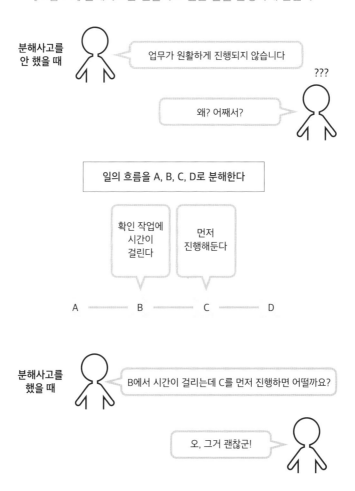

같은 문제점을 느끼더라도 분해사고의 여부에 따라
'상대에게 어떻게 전달되는가'가 달라진다

사한 결과 비슷한 업태의 타사 점포가 늘어나 가격 경쟁이 발생했다는 사실을 밝혔다. '가격' 외에 고객이 원하는 것이 무엇인지 고민한 끝에 '건강한 식단'을 판매 포인트로 내세우려 한다.

이때 사장에게 "원가는 높아지지만 채소의 양을 늘리려 합니다.", "탄수화물이 없는 메뉴를 개발하려고 합니다."라고만 말하면 사장으로서는 판단할 수가 없을 것이다. 또 팀에 "떨어진 실적을 올리자."라고 말한들 팀원들로서는 당장 무엇을 해야 할지 알 수가 없을 것이다.

이럴 때는 문제를 전체적으로 분해해 생각하면 각각의 상대에게 무엇을 말해야 할지 알기가 쉬워진다.

우선 사장에게는 결과적으로 어떤 이점을 얻을 수 있는지를 설명해야 한다. 그러기 위해서는 "객단가가 높은 건강식 상품을 출시해 매출액을 전년 대비 200퍼센트로 끌어올릴 계획입니다."라고 말한다.

직속상사인 부장에게는 좀 더 구체적인 업무 계획을 중심으로 이렇게 전달한다. "채소가 풍부한 메뉴를 개발하고, 고객의 건강을 지향한다는 모토를 담아 광고, 홍보를 실시해 매출액을 전년 대비 200퍼센트로 끌어올릴 계획입니다."

마지막으로 팀원들에게는 실무를 위해 당장 해야 할 일을 직접적으로 설명한다. "비교적 저렴하게 만들 수 있으면서

[그림 1-6] 상대방에 맞춰서 필요한 사실만 말할 수 있다

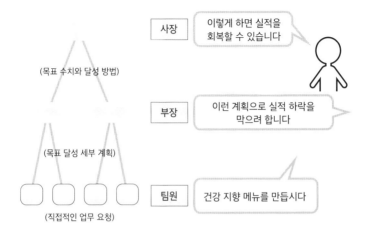

채소를 많이 쓰는 메뉴를 고민해주세요.", "건강한 식단을 지
향한다는 모토를 잘 전달하기 위해 어떤 홍보 활동을 펼쳐야
할지 조사해주세요."

이런 식으로 상대방에 맞춰서 이야기하고 설명하면 업무
도 순조롭게 진행된다.

아이디어의 폭을 넓힐 수 있다

개인이 운영하는 과자가게를 생각해보자. 이 가게의 전체
매출은 '판매 개수×개당 평균 가격(객단가)'이다. 이렇게 분
해해 생각하면 단순히 '매출을 높이자'며 목표 수치만 생각했

을 때보다 무엇을 해야 할지가 좀 더 명확하게 보인다.

구체적으로 살펴보면, 우선 판매 개수는 '고객수×구매 횟수×평균 개수'로 분해할 수 있다. 고객수를 늘리는 방향을 생각했을 때 'SNS를 이용해 바이럴을 하자', '첫 구매 할인 이벤트를 실시하면 어떨까?' 같은 방법을 찾기 쉽다. 그런데 이때 고객수를 더 정밀하게 분해하면 진짜 중요한 사실이 더욱 잘 보이게 된다.

예를 들어 '고객이 먹고 싶어서 산다', '남에게 선물하기 위해 산다'로 나눠서 생각하면 어떨까? 고객이 간식을 먹으려고 개인용으로 구매할 경우 평균적으로 월 1회, 1회당 한 개만 산다고 가정하자. 이를 선물용으로도 사게 만들면 기업이나 단체 단위에서 증정용으로 구매하는 경우도 늘어나므로 월 4회(주 1회), 1회당 평균 여섯 개씩 주문해서 한 달에 총 24개를 팔 수도 있다. 이런 방식으로 판매 개수를 늘리기 위한 방법에 폭넓은 선택지가 생긴다.

또 고객수는 '방문자수×구매율'로도 분해할 수 있다. 가게에 방문한 사람이 과자를 구매할 확률은 몇 퍼센트인지 확인하는 것이다. 분해했을 때 방문자수는 많은데 과자 구매율이 낮다면 상품이나 진열에 문제가 있을 수 있다. 만약 방문자수 자체가 적다면 이번에는 '이동 인구가 많은 좋은 입지에 점포가 있음에도 가게에 들어오는 사람의 비율이 굉장히 낮아서 상품이 팔리지 않는 것'인지, '애초에 오가는 사람이 전혀 없어서 방문자가 없는 것'인지 미처 파악하지 못했던 문제를 발견할 수 있을지도 모른다.

한편 매출액이라는 숫자 하나만 봐서는 무엇을 해야 할지 전혀 알 수 없다. 앞서 말했듯 매출액을 '판매 개수×객단가'라는 두 가지 요소로 분해하면 '판매 개수를 늘린다', '객단가를 높인다'라는 두 가지 방향의 방법을 생각할 수 있게 된다. 여기서 매출액을 더 정밀하게 분해하면 '방문자수, 구매율, 구매 횟수, 평균 개수, 평균 단가'의 다섯 가지 요소로 나누어 생각할 수 있다. 그러면 "애초에 입지가 나빠서 가게 앞을 지나다니는 사람이 없기 때문에 상품이 안 팔리는 것이 아닐까?", "구매율을 높일 필요가 있을지도 몰라.", "고객이 한 달에 여러 번 구매하도록 유도할 방법은 없을까?", "입지도 좋고 방문자도 많으니 개별 포장뿐 아니라 여섯 개씩 묶어 선물 세트도 만들어 파는 편이 좋지 않을까?" 같은 다채로운 논의를 할 수 있게 된다.

무작정 신상품을 들여놓거나 SNS 홍보에 돈과 시간을 쓰는 것보다 더 구체적이고 진짜 필요한 아이디어가 폭넓게 나오며 그중에서 시도해볼 만한 방법을 찾을 수 있다.

[그림 1-7] 더 정밀하게 분해할수록 진짜 필요한 아이디어를 얻는다

[과자가게의 매출을 올리자]

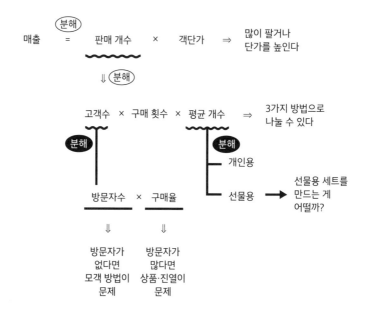

진짜 필요한 아이디어에 훨씬 더 가까워진다

갈등을 막을 수 있다

대립을 피하면서 자기 의견을 주장할 수 있다는 것도 분해사고의 장점이다.

예를 들어 회사에서 '어떻게 해야 히트 상품을 기획할 수 있을까?'에 관해 회의하는 상황을 생각해보자. 상사는 "매출을 높이려면 일단 기획안을 많이 내놓아야 하지 않을까?"라고 주장하지만, 당신은 그 의견에 동의하지 않는다. 이때 "글쎄요. 무작정 많이 기획하는 것보다 판매 방식을 고민하는 게 더 중요하지 않을까요?"라고 말해 버리면 상대 의견을 정면으로 부정하는 셈이 된다. 상사가 감정적인 사람이라면 발끈해서 말싸움이 벌어질지도 모른다.

그러나 이 상황과 문제를 분해해서 생각하면 관점을 두 가지로 나눌 수 있다.

"기획에 관한 논의는 충분히 한 것 같은데 판매 방식도 중요하니 이 부분에 관해 이야기해보는 건 어떨까요?" 이렇게 제안하면 상사의 의견을 부정하지는 않게 된다. '우리가 고려해야 할 두 가지 측면이 있으며 양쪽 모두 선택이 가능하다'라는 형태로 말하면 상대방도 자신의 의견을 부정당했다는 인상을 받지 않는다. 즉 대립을 피하면서 다른 의견의 가능성을 넓힐 수 있다.

무슨 일에서든 하나의 의자를 서로 차지하려는 구도가 되면 알력 싸움이 되어 버린다. 그러나 "이 의자는 충분히 두 사람이 이용할 수 있지 않나요?", "또 다른 의자에 대해 논의한 다음 어느 하나를 선택하시죠."라고 제안하면 다들 '아하, 그

[그림 1-8] 분해해서 다른 관점의 중요성도 전달한다

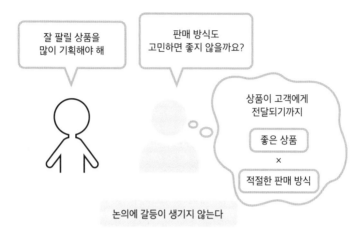

럴 수도 있지'라고 생각해 당신이 제시한 논의 방향에 주목하게 된다. 누군가의 의견을 밀어내고 자신의 의견을 밀어붙이는 것이 아니라 **'나누어 생각하면 다른 관점도 중요하다'라는 식으로 제안하면 자신의 의견을 주장하기가 쉬워진다.**

'공통의 지도'를 가질 수 있다

팀의 관점에서 말하면 문제나 현상의 전체를 분해한 '공통의 지도'를 갖게 되고 함께 성과를 얻기 위한 생산적인 논의를 할 수 있다는 장점이 있다.

회사에서 비투비(이하 B2B) 마케팅팀은 고객 목록을 늘리

는 역할을 맡고, 영업팀은 계약 성공률을 높이는 역할을 맡는 다고 가정하자. 매출회의를 할 때 두 팀 사이에 'B2B팀은 아무 말 말고 고객 목록을 늘리기나 해', '영업팀은 쓸데없이 참견할 여유가 있으면 성공률을 더 높이기 위한 노력부터 하라고' 같은 불만이 쌓이고, 대놓고 직접 말하기는 어려운 상황이 만들어진다.

이런 조직에서는 쉽게 서로 험담하고 헐뜯는다. "결국 문제는 B2B팀이 작성하는 고객 목록의 질이 떨어진다는 거야.", "이렇게 고객 목록을 늘려놨는데 도대체 왜 영업팀은 계약을 성사시키지 못하는 거야?" 이렇게 남탓만 하고 건설적인 논의는 전혀 이뤄지지 않는 건강하지 못한 조직이 되어버리는 것이다.

그러나 **서로 다른 팀이 문제 대상을 분해하여 공통의 지도를 공유한 상태에서 논의하면 공통된 목적의식을 얻기가 용이해진다.**

구글식 분해사고 비법 'OKR'

구글, 메타(전 페이스북) 등 세계적 기업에서는 분해사고와 비슷한 개념으로 OKR을 쓰고 있다. OKR은 'Objectives and Key Results'의 약자로, 목적^{Objective}과 목적에 도달하기 위해 열쇠가 되는 목표^{Key Result}를 의미한다.

OKR이 무엇인지 예를 통해 살펴보자. 먼저 '더 나은 사회를 만든다'라는 목적이 있다고 가정하자. 이 목적에 대해 '그렇다면 무엇을 달성해야 더 나은 사회를 만들 수 있을까?'를 생각해서 이끌어내는 것이 목표다.

최초의 목적에 대해 약 세 개의 목표를 설정한다. 이 목표들은 그 아래 단계의 목적이 된다. 이렇게 해서 순차적으로 목표 달성을 위한 행동이 분해되고, 이를 실천해 각각의 목표를 달성하면 궁극적으로 전체의 목적이 달성되는 것이다. 즉 '더 나은 사회를 만든다'가 전체의 목적이라면 이를 달성하기 위한 목표는 다음과 같다.

"높은 수준의 매출을 올려야 사회에 영향력을 발휘해 더 나은 사회를 만들 수 있어."

"그렇다면 높은 매출을 달성하기 위해 무엇을 해야 할까?"

"사용자를 120퍼센트로 늘리고, 단가도 좀 더 높일 필요가 있어."

"그러려면 무엇을 해야 할까?"

이런 식으로 목적을 분해해 나가면서 구글은 OKR을 통해 전 세계의 일개 사원에 이르기까지 목표를 설정하고 공유한다.

작게 나누어
생각하기

[그림 1-9] 목적을 분해하는 OKR

목적(Objectives)

더 나은 사회를 만든다

목표(Key Results)

| 높은 매출로
사회적 영향력을 갖는다
(목적) | 필요한 인재를
채용한다
(목적) | 이념을
전한다
(목적) |

목표

| 상품 경쟁력
(목적) | 판매력
(목적) | 홍보
(목적) |

목표

일부 기업들은 OKR을 단순히 인사평가시스템으로 오해하곤 하는데, 본래는 목적 관리 수법이다. 개인의 OKR을 관리하는 것이 관리자의 일로 정의되며 조직 내 모든 OKR은 원칙적으로 공개된다.

참고로 회사의 목적을 달성하는 과정에서 상황이 달라지면 당연히 구성원의 목표도 달라진다. 그런 까닭에 구글에서는 "지금 OKR의 방향도 좋기는 한데 이쪽이 더 낫지 않아?" 같은 논의가 일상적으로 진행된다. 요컨대 목적이나 목표를 끊임없이 재검토하는 문화가 정착되어 있는 것이다.

흔히 기업들은 일단 목표를 결정하면 결과가 나올 때까지 묵묵히 따르는 일이 부지기수다. 누군가가 도중에 "그 목적(목표), 정말로 좋은 걸까요?"라고 의문을 표시하면 "그런 생각을 할 여유가 있으면 조금이라도 더 집중해서 결과를 내라고!"라는 식으로 반응한다.

물론 과거 기업들이 정해진 바대로 끝가지 끌고 가는 방식으로 성과를 이뤄온 것도 사실이다. 그러나 변화가 극심해진 오늘날에는 그런 방식이 효율적이지 않게 되었다. **좋은 결과를 얻기 위해서는 결정한 목적과 목표를 계속해서 분해해 재검토하는 자세가 필요하다.**

풀기 힘든 문제는
어떻게 나누어 생각할까?

흔히 해결하거나 달성하기 힘든 과제들이 주어지기 마련이다. 이런 상황에서는 어떻게 분해사고를 하면 되는지 구체적인 가정을 통해 살펴보자. 당신은 웹 미디어의 광고 매체를 운영하는 팀의 리더다. "이번 분기 매출을 2배로 늘리게."라는 지시를 받았다면 당신은 어떻게 할 것인가? 회사의 매출 데이터를 들여다보니 지난 2분기 매출액은 5억 원이었고, 1분기보다 1억 원 더 올린 수준이었다(그림 1-10 참고).

내심 목표 달성은 무리라고 생각하면서도 어떻게든 머리를 쥐어짜서 이런저런 아이디어를 내놓으려고 할 것이다. '팀원을 늘리는 편이 좋을까?', '지금은 웹사이트만 취급하고 있지만 동영상 채널도 확장하는 것이 좋지 않을까? 요즘 트렌

[그림 1-10] 매출 데이터

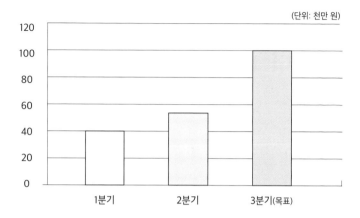

(단위: 천만 원)

드니까.', '웹사이트 이용이 더 편리해지도록 전면 개선하는 건 어떨까?', '아예 타깃 고객을 바꿔서 다른 미디어를 신설한다면…'

　그러나 실제 여러 회사 실무자들의 경험을 들어봤을 때 이런 식으로 내놓는 아이디어는 우물 안 개구리의 수준인 경우가 많고, 시간과 노력만 많이 쓰일 뿐 생각대로 진행되지 않는다. 특히 '매출을 2배 더 올리려면 2배 더 많은 고객에게 영업해서 어떻게든 달성할 수 있지 않을까?', '일할 사람을 늘리자'라고 생각하는 경우가 많다.

　과연 이런 방법으로 목표를 이루거나 달성하더라도 성과를 오래 지속할 수 있을까? 무작정 '열심히 노력하자'는 조직이나 개인은 아무리 높은 목표가 생겨도 매번 '열심히 노력하자'는 방식으로 해결하려 할 것이다. 그렇게 되면 몸도, 마음도 지쳐서 나가떨어질 뿐이다. 심지어 직원을 늘리는 방법은 애초에 그만큼 인건비가 더 늘어나기 때문에 오히려 매출을 올리자는 목표로부터 멀어지게 만든다.

　이럴 때는 먼저 목표를 분해해야 한다. 예로 든 경우라면 먼저 매출액을 분해한다. 매출액은 '고객수×객단가'로 분해할 수 있다. 여기까지는 누구나 알 것이다. 다음으로 '고객수'를 늘리는 업무가 무엇인지 분해해보자. 영업 담당자는 고객 한 사람의 매출을 더 만들기 위해 자사 상품이나 서비스를 이용할 가능성이 있는 잠재고객의 목록을 작성한 후 고객과 약속을 잡고 만나서 적정한 상품이나 서비스를 제안하고 정해진 금액으로 주문을 하도록 유도한다.

　따라서 매출액을 더 정밀하게 분해하면 이렇다.

[잠재고객의 수×약속 성공률(%)×제안율(%)×수주율(%)] × 객단가

무엇을 2배로 만드는 것이 더 좋을까?

지금까지 분해한 요소 중에서 무엇을 2배로 만들면 쉽게 매출을 2배로 만들 수 있을까? 요소들을 곱셈으로 분해했으므로 한 가지 요소만 2배로 만들면 산출되는 총 매출값도 당연히 2배가 된다.

이때 '잠재고객을 2배로 늘리자'라고 생각해버리면 여러모로 힘들어진다. 기본적으로 잠재고객의 목록을 2배로 늘려야 하고 차례로 고객과 만나는 미팅도, 제품을 제안하는 노력과 수고도 모두 그만큼 늘어난다. 현재 영업팀 인원만으로는 도저히 대응할 수 없어 사람을 더 늘려야 하는 상황에 놓일 것이며, 인건비가 더 나가기 시작하면 목표대로 매출을 2배로 만들더라도 결국 이익은 감소한다. 결국 애초에 활동량을 2배로 늘리자고 생각하면 매우 힘든 길을 걷게 되는 것이다.

그러나 수주율이나 객단가 같은 숫자를 높이는 방향으로 생각하면 어떨까? 고객수가 같아도 수주율이나 단가가 2배가 된다면 매출액도 2배가 된다. 혹은 수주율과 객단가 각각 1.5배로 늘려도 좋을 것이다. 이렇게 하면 영업 담당자는 현재 인원을 유지하면서도 매출을 2배로 올릴 가능성이 있다. 결국 진짜 해야 할 일은 고객에게 제품을 제안하는 업무의 질을 높여서 수주율을 2배로 늘리거나 제품 단가를 2배로 높

[그림 1-11] 목표 매출 달성을 위해 매출액을 분해한다

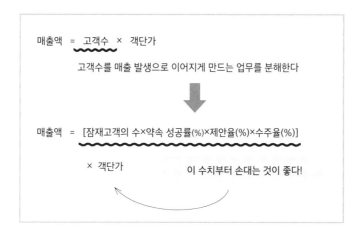

이는 것이다. 그리고 이 방안을 가로막는 장벽이 되는 문제를 제거하면 된다.

　지금까지 예로 든 이야기는 실제 내 클라이언트의 기업에서 일어났던 일이다. "인원을 늘려야 하나?", "다른 미디어 브랜드를 만들어야 하나?"라고 고민하던 경영자에게 분해사고를 통해 위에서 보여준 방법을 제안하자 "오, 그런 방법이 있었군. 그런 접근이 훨씬 좋겠네."라는 대답을 들을 수 있었다. 그리고 이 기업은 영업팀 인원을 더 늘리지 않고도 객단가를 3배, 수주율을 1.5배로 늘려서 3년 전과 비교했을 때 광고팀의 매출을 무려 4.5배로 만드는 데 성공했다.

큰 목표를 달성하려고 할 때 새로운 일을 추가하는 방향으로 생각하는 회사가 많다. 그러나 무작정 일을 벌리기보다는 현재 하는 일을 분해해 각 요소를 살피고 그중 목표 달성을 저해하는 요소를 제거하는 편이 무리하지 않고 좋은 결과로 이어질 때가 많다.

'이렇게 접근한다면 너무 많은 시간과 수고를 들이지 않고도 문제를 쉽게 잘 해결할 수 있을 것 같아!'라는 해결책을 찾아낼 수 있는 것도 분해사고의 장점 중 하나다.

작게 나누어
생각하기

작게 나누어 생각하기 위한
6가지 포인트

분해사고는 어떻게 하면 잘할 수 있을까? 지금부터 소개하는 여섯 가지 포인트를 잘 이해하고 실천해보자.

포인트① 곱셈으로 분해한다

문제나 현상을 분해할 때는 주로 곱셈을 사용한다. 곱셈을 사용하는 이유는 주로 세 가지다.

- 숫자로 표현해 목표로 삼는 수치에 도달하기가 쉬워진다
- 곱셈을 통해 기존에는 상상할 수 없었던 발상이 나온다

· 모호한 기준을 요소로 나타내 분해할 수 있다

세 가지 이유를 좀 더 자세히 들여다보자.

첫째, 숫자로 표현해 목표로 삼는 수치에 도달하기가 쉬워진다. 업무 목표는 대부분 수치로 표현될 때가 많다. 이때 '3+2=5'처럼 더한 만큼 늘어나는 것보다 '3×2=6'과 같이 곱절로 늘어나는 표현이 더 쉽게 결과를 내도록 돕는다.

일례로 '매출 증가'라는 목표를 생각할 때 '고객수×1회 구매 시 평균 금액(객단가)'으로 분해하면 객단가를 2배로 높이거나 고객수를 2배로 늘려서 생각하면 매출액이 쉽게 2배가 된다. 반면 매출을 영업 담당자가 각각 발생시킨 매출액의 합산 총액으로 분해하면 영업 담당자 한 명의 매출을 2배로 높여도 전체 매출을 2배로 만들 수 없다.

· 곱셈으로 표현했을 때: 고객수×객단가=매출액

10명×500원=5,000원

(단가를 2배로 높인다)

10명×1,000원=10,000원

→ 매출액이 2배가 된다

- 덧셈으로 표현했을 때: 영업사원 A+B+C=매출액

  A(1,000원)+B(2,000원)+C(3,000원)=6,000원

  (A에게 매출을 2배 더 올리게 한다)

  A(2,000원)+B(2,000원)+C(3,000원)=7,000원

  → 매출액은 약 1.17배가 된다

이처럼 분해할 때는 문제나 현상을 이루는 요소가 곱셈으로 연결되도록 분해하는 것이 효과적이다. 특히 적은 힘으로 높은 효과를 내려고 한다면 전체적으로 봤을 때 곱셈으로 표현되도록 분해하는 것이 중요하다.

둘째, 곱셈을 통해 기존에는 상상할 수 없었던 발상이 나온다. 좋은 아이디어 발상법을 이야기할 때 종종 언급되는 방법인데 서로 전혀 다른 것을 곱하면 예상 밖의 아이디어가 나온다. 예를 들어 '맥주'와 '몸에 좋다'를 결합해 무알코올 맥주가 나온 것처럼 서로 분야나 영역이 다른 요소들을 곱하면 상상하지 못한 생각들이 튀어나온다.

가전제품의 경우 '가전제품×독신 여성'으로 나누어 생각하면 관리하기 편하면서도 심플한 디자인과 기능의 가전제품 시리즈가 탄생할 수 있고, '가전제품×속도'로 분해하면 시간 단축에 특화한, 기존에 없던 기능의 상품 아이디어가 나

올지도 모른다. 특히 아직 아무도 시도한 적 없는 요소들로 곱셈하여 분해사고를 한다면 예상 밖의 아이디어가 탄생할 가능성이 높다.

셋째, 모호한 기준을 요소로 나타내 분해할 수 있다. 일을 하다보면 조직 내부에서 "퀄리티quality를 높이면 좋겠다."라는 희망사항이 나올 때가 있다. 이때 '퀄리티'가 정확히 무엇을 의미하는지 모호하므로 이 말을 분해한다. 예를 들어 자사 웹사이트의 디자인을 가리키는 것이라면 '직관성'과 '속도'가 퀄리티를 결정한다고 가정한다. 그러면 디자인의 직관성을 재검토하는 동시에 이용자가 편하게 쓰도록 속도의 측면도 고려하는 것이 최우선 업무임을 알 수 있다.

참고로 분해사고를 할 때 다음과 같은 부분을 주목하는 것이 좋다.

- 과제나 문제의 숫자를 구성하는 요소가 무엇인지 생각하며 분해한다(구성 요소 분해)
  (예) 매출액=고객수×객단가, 고객수=잠재고객의 수×약속 성공률(%)×제안율(%)×수주율(%)
- 아이디어 확장을 위해 다양한 요소들을 곱하기로 분해한다
  (예) 아이들이 좋아하는 간식인 아이스크림×인기가 많은 옥수수맛 과자=옥수수맛 아이스크림

작게 나누어
생각하기

- 모호하거나 추상적인 것을 명확한 요소로 표현해 분해한다 (구체화 분해)

  (예) 무언가 불만족스럽다 → 추구하는 퀄리티는? =색×질감 ×전체적인 균형…

- 과제나 목표 실현을 위해 필요한 요소나 과정을 분해한다 (방법 분해)

  (예) 고객을 모으는 과정=잠재고객의 수×약속 성공률(%)× 판매 성공률(%)

- 마음에 걸리는 부분이나 문제점이 어느 영역인지 분해한다 (대상 분해)

  (예) 목표 매출을 왜 달성하지 못하는가?=영업 문제×홍보 문제×상품 문제…

포인트② 한 단계 위에서 전체를 조망한다

생각의 틀을 넓히기 위해서는 자신이 가진 조각의 전체 상을 파악하는 것도 중요하다. 대상 전체를 분해하면 자신이 하려는 일이 사실 나무로 봤을 때 하나의 가지에 불과하다는 것을 알게 된다. 그러면 그 가지의 한 단계 위로 올라가 나무 기둥(핵심)에 가까운 가지에서 해결책을 찾는 편이 효율성 있다는 것도 깨닫게 된다.

앞에서 사례로 이야기한 '매출을 2배로 높인다'는 목표도 하나의 가지에서 한 단계 더 나아갔기에 잠재고객의 수를 늘린다는 과제가 아닌 단가를 높인다는 과제를 깨달을 수 있었다. '목표는 무엇인가?'라는 전체 핵심을 분해해 생각하자 더욱 효율적인 과제를 발견한 것이다.

작게 나누어 생각하는 습관이 없으면 주어진 조건이나 방식 안에서 일해야 한다는 고정관념으로부터 절대 벗어날 수 없다. 흔히 사람들은 과제나 문제를 더 파고 들기 전에 '활동량으로 해결하자', '열심히 노력하면 어떻게든 되겠지'라는 결론으로 쉽게 기우는 경향이 있다. 그러나 **분해사고를 사용하면 좀 더 높은 관점으로 거슬러 올라가 여러 선택지 중에서 해결책을 재검토할 수 있게 된다.**

한 단계 위에서 전체를 조망하면 무엇보다 업무상 의사소통에서 원활하고 효율적인 대화를 할 수 있다. "문제를 전체적으로 쪼개어 생각해보니 이런 방향도 있습니다. 모두 편하게 결과를 낼 수 있는 방법인 만큼 이쪽에 집중하는 것이 좋겠습니다."라는 식으로 의견을 나눌 수 있어 불필요한 대립 없이 긍정적인 호응도 얻을 수 있다.

[그림 1-12] 한 단계 위에서 전체를 살피고 분해한다

포인트③ 너무 작게 나누지 않는다

데이터 분석에 강점이 있는 마케터를 지망하는 사람들에게 데이터 마케터 강사로서 강의한 경험이 있다.

분석은 '나눠서 비교한다'는 의미인데 분석이 서툰 사람은 무작정 작게 나누려는 경향이 있다. 이를테면 회사의 매출 구성을 100개로 나눈 다음 그중에서 단 한 부분만 보고 "이 영역이 200퍼센트 성장했습니다!"라고 말한다. 200퍼센트라고 표현하니 굉장한 실적처럼 들리지만 사실 전체적으로 봤을 때 100에서 101이 됐을 뿐이다. 실제로 누군가 "저희 부서는 200퍼센트의 성과를 달성했습니다!"라고 내세울 때

회사 전체의 관점에서 살펴보면 딱히 대단한 성과가 아닌 경우가 꽤 많다.

분석을 잘하는 사람은 이와 다르다. 예를 들면 전체 매출 구성을 100으로 놓고 50, 50으로 두 개 파트로 나눈다. 그중 한 파트를 150퍼센트 성장시켜야 한다고 말한다. 성장률 자체만 주목하면 분석이 서툰 사람이 강조한 수치는 200퍼센트이고, 분석을 잘하는 사람이 언급한 한 수치는 150퍼센트다. 그러나 50에서 150퍼센트가 늘면 75이므로 전체 매출로 보면 100에서 125로 매우 높아진 셈이 된다. 결과적으로 어느 쪽이 더 큰 성과를 내는 방향으로 분석한 것인지는 누가 봐도 명백할 것이다.

분석에 유능한 사람, 즉 분해를 잘하는 사람은 '전체적으로 봤을 때 몇 퍼센트인가?'라는 관점에서 생각한다. 그래서 과제나 문제를 분해한 뒤에는 효과가 크고 빨리 달성할 수 있는 요소(방법)부터 손을 댄다. 반대로 효과가 작은 것에는 애초에 손을 대지 않는다. 가장 효과가 크고 효율적인 방법을 찾아내 실행하는 것이 분해의 가장 중요한 목적이기 때문이다.

포인트④ 생각의 빈틈을 없애려면
'반대 요소'를 생각한다

과제나 문제를 분해해서 적절한 선택지를 고르기 위해 틀을 넓혀서 생각하는 것이 좋다. 그러면 생각의 빈틈을 없애고 폭넓은 관점에서 방법(해결책)을 자유롭게 선택할 수 있어 성공률을 높일 수 있다.

선입견을 없애고 사고의 폭을 넓혀서 선택지를 늘리는 가장 간단한 방법은 '반대 요소를 생각하는 것'이다. 분해사고를 할 때 나는 이 방법을 습관적으로 사용하는데 예를 들면 다음과 같다.

숫자 ↔ 감정
단기간 ↔ 장기간
즉흥적이다 ↔ 신중하다

객관적인 성격의 숫자는 주관적인 감정을, 단기간 목표는 장기간 목표를 비교해 반대되는 요소들이 가진 특징을 살핀다. 숫자만 이야기하는 사람에게는 "감정적으로는 어떤가요?"라고 물어보고, 단기 목표에만 초점을 맞춰서 생각하는 사람에게는 "장기적으로 보면 무엇이 다를까?"라고 질문해

장기적인 관점에서도 생각하도록 유도한다.

모든 사물이나 현상에는 반대 요소, 혹은 그 비슷한 요소가 반드시 존재한다. 반대, 반대의 반대, 반대의 반대의 반대와 같은 식으로 생각해 나가면 사고의 면적이 점점 넓어진다. 이를테면 도심에서 혼자 사는 사람의 시점에서 생각한 다음, 지방에서 혼자 사는 사람의 시점이나 도심에서 가족과 함께 사는 사람의 시점에서 생각해본다. 그리고 지방에서 가족과 함께 사는 사람의 시점도 생각한다.

이처럼 반대 요소를 따져가며 분해사고를 하면 생각의 면적이 몇 배로 증가한다. 그렇게 해서 일단 가능성을 넓힌 다음 '자유롭게 선택할 수 있다면 무엇이 가장 효과적일까?'를 생각해 최적의 답을 얻을 수 있다.

내 생각과 반대되는 요소에서 얻을 수 있는 것들

반대 요소를 통해 분해사고를 하게 된 배경에는 내 젊은 시절의 경험이 자리하고 있다. 젊었을 때 일하며 상사에게 "이 점에 관해서는 생각해봤나?"라는 질문을 받고 가슴이 뜨끔했던 적이 종종 있었다. 자료를 만들어 달라는 지시를 받아서 자료만 만들어 가져갔더니 상사가 "일정에 관해서는 생각해봤나?", "기획은 재미있는데 비용에 관해서는 생각해봤나?" 등 예상하지 못한 질문을 했던 것이다. 그때마다 "아, 거기까지는 생각을 못 했습니다.", "그 부분은 고려하지 못했습니다." 라고 대답해야 했다. 하나같이 '아, 확실히 그 부분도 중요하지', '전혀 생각을 안 했네' 하는 일들이었다. 왜 일할 때 그런 생각들이 머릿속에서 빠져 있었을까?

상사에 비해 사고의 깊이가 얕다는 고민에 빠졌고, 어떻게 해야 문제를 개선할 수 있을지 필사적으로 생각했다. 처음에는 상사가 무엇을 중시하는지 알아내려고 노력했다. 흔히 마감일을 신경쓰는 상사도 있고, 비용 계획을 중요하게 여기는 상사도 있다. 상사가 중요하게 생각하는 포인트를 파악하면 일단 업무에서 놓치는 부분이 없이 보강할 수 있었다.

다만 이 방법만으로는 예상치 못한 부분을 질문받았을 때 여전히 대응할 수 없었다. 그래서 생각해낸 방법 중 하나가 상사가 질문하거나 확인한 부분을 목록으로 정리하는 것이었다. 예산에 관해 언급하면 예산 항목을, 일정을 확인받으면 일정 항목을, 실현 가능성을 물으면 실현 가능성 항목을 메모했다. 목록이 쌓이자 사전에 예상할 수 있는 피드백이 많아졌다.

그런데 문득 이런 생각이 들었다. '정말 이 방법이 맞을까? 목록을 쓰고 하나하나 확인하며 일하면 과연 내 머리로 생각했다고 말할 수 있을까?' 결국 상사의 눈치를 살피며 일하는 것은 내가 바라는 바가 아니었다. 상사의 생각과는 다르더라도 내 머리로 스스로 생각해서 결과적으로 일을 잘해내고 싶었다.

이런 고민을 거듭하다 떠올린 방법이 '반대 요소를 생각하는 것'이었다. 이를테면 재미있는 기획을 떠올렸다고 가정하자. 그 기획이 가진 요소와 반대되는 것을 생각해보니 '안전한 기획'이라는 관점이었다. 이어서 안전한 기획이란 무엇인지 따져보니 '마감일을 지킬 수 있다', '비용이 많이 들지 않는다', '실현 가능성이 높다' 같은 요소가 나왔다. 말하자면 내가 생각해낸 재미있는 기획에 마감일 준수, 적은 비용, 높은 실현 가능성 같은 요소를 더하면 상사에게 지적받지 않는, 채택될 가능성이 높은 기획을 만들 수 있다는 사실을 깨달은 것이다.

사람들은 자신이 생각한 아이디어를 버리거나 바꾸는 일에 강한 저항감을 느낀다. 재미있는 아이디어를 떠올리면 너무 집착한 나머지 다른 생각을 떠올리지 못하게 된다. 그러나 그 아이디어에 반대되는 것이 무엇일지는 생각할 수 있다. 그렇게 **반대되는 관점을 발견하고 그 관점을 이루는 요소들을 분해해보면 자신의 아이디어에 빠져 있거나 부족했던, 반드시 필요한 요소가 발견된다.** 그 요소들을 더해 자신의 아이디어를 보완하면 실현 가능성은 더욱더 높아진다.

이렇게 해서 나는 보다 더 깊은 사고를 할 수 있게 되었고 이후로 상사에게 피드백 받는 일도 크게 줄어들었다. 익숙해

[그림 1-13] 반대 요소를 생각하며 사고의 폭을 넓힌다

재미있는 기획	안전한 기획
▶ 좋은 측면 · 참신하다 · 눈길을 사로잡는다 · 흥미가 생긴다	▶ 좋은 측면 · 소요 기간을 예측할 수 있다 · 예산적으로 타당하다 · 현실성이 높다 · 그럭저럭 팔릴 것이다

▶ 나쁜 측면
· 첫 시도이므로 소요 기간을 예측
  할 수 없다
· 비용이 많이 들 것 같다
· 실현 가능성이 높은지 가늠할 수
  없다
· 얼마나 팔릴지 예상이 어렵다
	▶ 나쁜 측면
	· 돋보이지 않는다
	· 많이 본 것 같다

지기 전까지 머리에서 자동적으로 시도하기는 어려울 수 있
다. 종이에 적으며 생각하기를 반복하면 누구나 반대 요소를
폭넓게 생각할 수 있다.

포인트 ⑤ 의도적으로 크게 생각한다

사고의 면적을 넓히고 싶다면 좀 더 본질적이거나 사회적

인 의의로까지 범위를 넓혀 과장되게 생각해보는 방법도 추천한다.

한 회사에서 광고 제휴 기사를 제공하는 서비스를 판매한다고 가정해보자. 이를테면 '북유럽 생활을 내 집에'라는 이미지로 클라이언트의 상품을 소개하는 기사를 쓰는 것이다. 사람들은 이 광고의 이미지를 통해 '역시 집에서 쓰려면 이 그릇이 좋겠네', '이 서비스 괜찮아 보인다' 같은 이미지를 갖게 된다.

광고 제휴 기사는 미디어 업계에서 상당히 오래전부터 있었던 상품이다. 최근에는 낡은 수법이라는 이미지가 있어 지양하는 편이지만 순기능도 있다. 이 기사는 단순히 클라이언트의 요청에 맞춰 쓰이는 것이 아니라 본래 목적은 제품이나 서비스의 사용법, 구매 이점 같은 소비자 인사이트를 콕 짚어 전달하는 것이다.

클라이언트인 기업 내부에서는 '기사 하나에 3,000만 원이나 써야 하느냐?'는 반대 의견도 나온다. 그러나 이 광고의 본질적인 의의까지 넓혀 생각하면 이렇다. '광고 제휴 기사의 가장 큰 매력은 인사이트를 발견하는 수단이 되는 데 있다', '소비자가 어떻게 생활하고 무엇을 필요로 하는지를 제조사가 파악하기 어려운 시대에 소비자 니즈를 알 수 있는 건 가치가 크다' 이와 같이 인식할 수 있다. 즉 3,000만 원이라는 금액이 단순히 광고 기사를 내보내는 데 쓰는 일회성 비용이냐, 아니면 소비자 인사이트를 얻는 데 쓰는 투자 비용이냐에 따라 그 가치가 달라지는 것이다.

특히 앞으로의 시대에는 기업이나 상품의 가치를 정확히 파악하고 그 값어치를 높이는 활동이 매우 중요해지리라 생각한다. 지금은 물건이 넘쳐나는 시대다. 유통기한이 지난 음식 제품들이 대량으로 폐기되는 모습이 매년 뉴스에서 보도되고, 팔리지 않는 다른 다양한 상품들도 당연하듯 폐기된다. 물건이 쉽게 만들어지고 쉽게 버려지는 상황은 지속가능한 발전이나 존재 가치를 중요하게 여기는 흐름 속에서도 나아질 기미가 보이지 않는다.

사실 진정으로 지구 환경과 미래세대를 생각한다면 기업들은 소모품을 만들지 않거나 판매 전쟁을 하지 않아야 한다. 하지만 당연히 그럴 수는 없다. 그렇다면 어떻게 해야 할까? 상품 가치를 더 높여서 적정한 가격을 매기면 된다. 지금처럼 환경에 좋지 않은 영향을 주는 방식으로 상품을 생산하고, 또 상품 가치를 높이지 못한 채 이익을 조금밖에 얻지 못하면 기업은 많이 만들고 적은 이익만 얻는 비효율적인 악순환에 빠질 수밖에 없다. 또 많이 파는 것에만 목적을 두면 환경 부담이 커진다.

반면 상품의 가치를 최대한으로 높이고 가격도 올릴 수

있으면 이익이 늘어나 기업가치가 높아질 뿐 아니라 엄선한 상품만 만들면 되므로 환경 부담도 줄일 수 있다. 구매자들의 니즈나 소비 트렌드도 이런 흐름에 부합한다. 따라서 앞으로의 기업은 제조, 생산에만 집중된 활동에서 브랜드나 상품의 가치를 인정받는 활동을 우선하는 방향으로 이행할 것이다.

이처럼 일차적인 목적이나 대상을 분해할 때 보다 폭넓게 사고하는 방법은 더 큰 차원에서 어떤 의미를 갖는지를 의도적으로 생각해보는 것이다.

포인트⑥ 주관적인 판단이나 감정은 분리한다

보통 어떤 상황을 판단할 때 매몰 비용(지출한 비용 중 회수 불가능한 비용)의 영향으로 그릇된 결정을 할 때가 있다. 이를 매몰 비용의 오류라고 한다. '기왕 여기까지 온 이상 끝까지 밀고 가자'가 되는 상황을 회사에서도 자주 볼 수 있다. 모두가 아이디어를 내서 하나의 전략을 결정한 뒤 거기에 몰두하다 도중에 생각처럼 되지 않을 것 같다고 깨달아도 과감하게 그만둔다는 결단을 내리지 못하는 것이다.

그러나 분해사고를 하면 냉정한 논의를 할 수 있다.

"고객수가 늘지 않으니 더 이상 계속해도 매출이 상승할 가능성은 낮아 보입니다. 이 전략은 여기까지만 하죠."

"처음 시작할 땐 좋은 아이디어라고 생각했지만 고객수나 단가 변동에 별다른 영향이 나타나지 않습니다. 이제 중단하는 편이 좋겠습니다."

이렇게 그만두는 판단을 내릴 수 있는 것이다.

또 다른 예로 거래처의 업무 상담 요청으로 이야기를 듣다 보면 '왜 이렇게까지 기존 방침에 집착하는 걸까?'라는 생각이 드는 경우가 꽤 많다. 그래서 이유를 물어보면 대개는 "작년에 그렇게 하자고 결정된 거라…", "모두와 이를 따르기로 약속을 해서…" 같은 대답이 돌아온다. 효과의 유무를 기준으로 평가한다는 시점이 결여되어 있는 것이다.

분해해서 생각할 때는 사실을 기반으로 대상을 객관적으로 바라봐야 한다. 주관적인 판단이나 감정이 영향을 끼치면 올바른 분해를 할 수 없다.

"저는 단가만 중요하지 고객수는 신경쓰지 않습니다."

"매출을 높이려면 가격을 올리는 수밖에요."

시야가 좁고 선입견이 지나치게 강하면 이런 식으로 단편적인 사고를 하게 된다. 일에서 성과가 나오고, 무엇을 하든 좋은 결과를 얻고 싶다면 '내가 그렇게 하고 싶은가, 아닌가'라든지 '다른 사람들과 약속을 했나, 안 했나' 이런 건 중요하지 않다. 먼저 올바르게 분해사고를 한 다음 가장 효과가 좋은 방법을 실행하는 습관, 또 효과가 없다면 빠르고 과감하게 그만두는 습관을 갖는 것이 중요하다.

감정을 분리하면 자신의 선입견을 깨닫게 된다

'나는 마케팅 담당이니까 우선 고객의 수를 늘릴 방법을 찾는 수밖에 없어', '나는 상품개발 담당이니까 단가를 어떻게 높일지만 생각하면 돼' 이런 식으로 한 가지 방법만 생각하거나 그밖에 다른 아이디어가 떠오르지 않는다면 자신이 떠올린 생각에서 감정을 분리해보자.

'나의 호불호가 반영된 아이디어는 아닐까?'

'내가 잘하는 일만 생각하고 부족한 분야는 외면한 건 아닐까?'

'번거로운 것은 제쳐놓고 쉬운 방법만 생각한 건 아닐까?'

이렇게 자신의 감정을 되돌아보면 대체로 자신의 주관적인 기준을 중심으로 한 가지 생각만 고집하고 있음을 깨닫게 된다(이런 경향은 누구에게나 있고, 나 또한 다르지 않다).

자신의 감정이 올바른 분해사고를 방해하고 있다는 사실을 깨닫기만 하면 생각의 폭을 넓히기가 쉬워진다. 자신의 전문 분야에서 벗어나 새로운 관점으로 보게 된다. 이를테면 상품개발 담당자가 '많은 사람이 SNS에서 공유하고 싶어 하는 상품은 뭘까?'를 생각하고, 마케팅 담당자가 '단가를 더 높이려면 무엇을 개발해야 할까?'를 생각할 수도 있는 것이다.

지금까지 소개한 목표나 달성 기간, 판매 방법 등을 분해 사고하는 법을 따라서 실천해보면 자신의 선입견에서 벗어난 아이디어를 낼 수 있게 된다. "내가 생각한 방법이 아니면 싫어."라고 고집하는 경우가 있는데, 아이디어는 다다익선이다. 아이디어를 많이 내놓기 위해서라도 일단 자신의 감정을 분리해서 생각해보도록 하자.

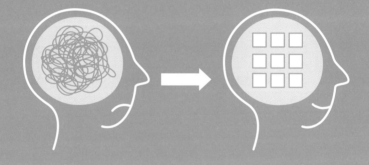

제2장

커다란 문제를

작게 나누는 방법

일할 때 쓸 수 있는
분해사고 플로차트

이제 분해사고가 무엇인지 이해했을 것이다. 제2장에서는 실제로 분해사고를 어떻게 사용하는지 살펴보겠다. 구체적으로 업무와 관련된 문제나 목표, 개인의 커리어를 어떻게 실현해 나갈 것인가를 예로 들어 설명한다.

분해사고 플로차트 이해하며 따라하기

이를 위해 누구나 손쉽게 써볼 수 있도록 분해사고 플로차트를 만들었다. 이 차트를 통해 어떻게 분해사고를 하는지 이해하면 해결책이나 목표 달성까지의 과정이 자연스럽게 보일 것이다. 그림 2-1은 일할 때 쓸 수 있는 분해사고 플로차트다. 각각의 단계를 살펴보자.

①목표·문제가 있다

현재 업무상 목표나 문제가 있는지 확인한다. 잠시 목적과 목표, 문제, 과제의 정의를 확인하고 넘어가겠다.

· 목적: 달성하고 싶은 사항
· 목표: 목적을 수치화한 것
· 문제: 해결되지 않은 사항(이상적인 결과와 현재 상태의 괴리)
· 과제: 문제를 해결하기 위해 해야 할 일

예를 들면 이런 식이다.

- 목적: 지구 온난화를 해결한다
- 목표: 10년 내 온실가스 배출량을 46퍼센트 줄인다. 매년 5퍼센트씩 줄인다
- 문제: 작년 배출량은 3퍼센트만 줄였다
- 과제: 전기자동차를 활성화해 배출량을 더 줄인다

[그림 2-1] 분해사고 플로차트(업무편)

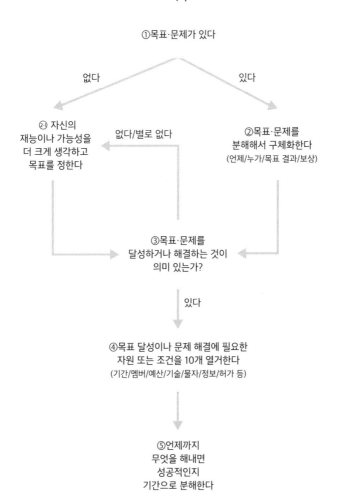

만약 목표나 문제가 있다고 답했더라도 정말로 달성하거나 해결하려는 대상이 맞는지 확신할 수 없거나 목표라고 할 수 있는 수준의 주요 사항이 아닐 경우에는 다시 목표나 문제를 검토하고 재설계한 다음 ②로 넘어가자.

②목표·문제를 분해해서 구체화한다

'매출을 높인다', '왠지 생각대로 되지 않는다' '좋은 상품(서비스)을 만든다' 등 막연하게 느껴지는 목표나 과제를 분해한다. 구체적으로 말하면 언제까지 누가(어느 부서가) 무엇을 해서 어느 수준만큼 달성하거나 해결해내면 얻는 것이 무엇인지 구체화하는 것이다. 이때 작게 나누어 생각하는 법을 잘 적용해야 한다.

㉑자신의 재능이나 가능성을 더 크게 생각하고 목표를 정한다

딱히 해결해야 할 업무상 문제가 없거나 그리 중요하지 않은 소소한 목표만 있을 때는 자신의 재능이나 가능성을 더 크게 생각하며 목표를 정하는 것이 중요하다. 흔히 목표를 정할 때 처음에는 개인의 시점에서 생각하게 된다. 이를테면 '오늘은 내가 잘할 수 있는 업무가 별로 없네' 하는 시점으로 눈앞의 일을 바라보면 마이너스인 상황임에도 문제되는 수준은 아니라고 왜곡하는 사고가 강해지기 쉽다. 이럴 경우 사고의 폭은 당연히 좁아진다.

③목표 · 문제를 달성하거나 해결하는 것이 의미 있는가?

일을 해내는 데 있어 진정으로 의미 있다고 말할 수 없는, 불필요한 문제나 목표에 시간과 노력을 투여하는 경우도 적지 않다. 정한 것을 과감히 수정하고 의미 있는 목표로 바꿔야 한다.

④목표 달성이나 문제 해결에 필요한 자원 또는 조건을 10개 열거한다

여기서 자원은 자신 또는 회사가 가지고 있는 인재나 자본, 장소, 물자 등 사용할 수 있거나 빌릴 수 있는 것을 의미한다. 모든 일을 무조건 혼자의 능력이나 노력으로 해내려고 하지 말고 '무엇을 통해 달성할 수 있을까?'라는 관점에서 생각해보자. 만약 필요한 것이 10개가 떠오르지 않을 경우 목표나 문제의 '반대 요소'를 생각하면 새로운 관점을 찾아낼 수 있다.

⑤언제까지 무엇을 해내면 성공적인지 기간으로 분해한다

이 단계까지 왔다면 목표나 문제가 명확하고, 무엇을 통해 생각한 바를 이룰 수 있는지 정확히 파악한 상태다. 이제

부터 해야 할 일은 모든 과정을 시간순으로 나열하는 것이다. 즉 목표나 문제의 요소를 시간 단위로 분해해서 로드맵을 구체적으로 그린다.

매출을 2배 올리라는
목표를 달성하려면

　일을 하다보면 처음 해보거나 달성하기 쉽지 않은 다양한 목표나 과제가 주어진다. 앞에서 살펴본 분해사고 플로차트를 토대로 실제 업무상 목표나 과제를 어떻게 달성할 수 있는지 구체적인 사례를 들어 이야기하겠다.

목표 달성 방법을 찾는 분해사고 연습

①목표 · 문제가 있다

　B는 영업부에서 법인 대상으로 웹 서비스를 판매하는 일을 맡고 있다. 팀장인 그에게 전기前期 대비 매출을 2배 올리

라는 목표가 떨어졌다. 매출액으로 보면 10억 원에서 20억 원으로 올려야 했다.

직전 분기에 이어 연속으로 목표를 달성하면 승진이 보장됐기에 B는 꼭 해내고 싶었지만 6개월 안에 새로운 고객을 늘릴 수 있을지가 걱정이었다.

②목표·문제를 분해해서 구체화한다

'어떻게 해야 매출 20억 원을 달성하는가'를 생각하려면 먼저 '그 매출을 만드는 것은 무엇인가'부터 분명히 한다.

매출액은 '고객수×객단가'다. 그 다음에는 객단가를 '단가가 높은 상품(5,000만 원)'과 '단가가 낮은 상품(1,000만 원)'으로 분해할 수 있다고 가정하자. 이때 20억 원 이상의 매출액을 달성하는 가장 빠르고 쉬운 방법은 5,000만 원짜리 상품을 40건 판매하는 것이다. 그러나 여기서 결론내는 것이 아니라 우선 하나의 선택지로 머릿속에 넣어둔 채 조금 더 분해해보자.

목표를 좀 더 정밀하게 살피기 위해 이번에는 고객을 분해한다. 그러면 신규 고객(잠재고객 목록에 있는 고객)에게 판매하는 방법뿐 아니라 기존 고객이 다시 구매하도록 유도하는 방법도 생각할 수 있다. 즉 신규 고객과 기존 고객이라는 축으로도 논의가 가능하다.

작게 나누어
생각하기

[그림 2-2] 객단가와 고객 매트릭스

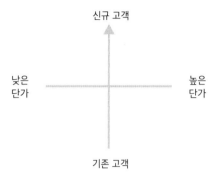

신규 고객

낮은
단가

높은
단가

기존 고객

지금까지 분해한 내용을 바탕으로 '높은 단가-낮은 단가', '신규 고객-기존 고객'의 연관성을 살펴볼 수 있는 매트릭스가 만들어진다(그림 2-2 참고).

이제 각 사분면에 해당하는 고객의 수가 얼마인지 적어본다. 그리고 매출 증가를 기대하기 쉬운 사분면은 어디인지 살펴본다.

"기존 고객을 대상으로 높은 단가로 판매하는 방향이 가장 좋을 것 같지만 이 조건에 해당하는 고객수가 적어서 이렇게 매출을 늘리는 건 한계가 있어. 그럼 기존 고객사들로부터 단가가 높은 상품의 신규 고객이 될 수 있는 기업을 소개받아 판매해보는 건 어떨까?"

이런 논의를 이어나가면 높은 단가와 낮은 단가의 상품을 각각 어떤 고객에게 몇 건을 판매할지 구체적인 목표를 세울 수 있을 것이다.

새로운 관점으로 축을 세워 분해하는 것이 어렵게 느껴진다면 '반대 요소'를 생각하는 방법을 활용한다. 신규 고객을 늘리는 일에만 집중해 있을 때 반대로 기존 고객을 떠올리는 것이다.

단순히 매출액만 분해하는 것이 아니라 6개월 내에 달성해야 하는 목표 기간도 있으므로 '급한 일정', '여유 있는 일정'도 고려해야 한다. 또 매출 달성을 위한 업무를 할 때 필요한 비용에 대해서도 '여유', '감축'으로 나누어 생각한다. 이렇게 다각도로 작게 나누어 분해사고를 한 다음 선택지를 넓혀 구체적인 행동을 판단한다면 반드시 효율적이고 더 나은 결정을 할 수 있다.

목표 달성 방법을 결정할 때 염두해야 할 것

목표를 달성하기 위한 수단이나 방법을 결정할 때 머릿속에 꼭 염두해두어야 할 점이 있다.

첫째, 자신에게 주어지는 과제에 대해 비판적으로 생각해야 한다.

목표를 분해해서 생각하다보면 '효율적으로 달성할 수 있겠는데?' 싶은 방법을 찾아낼 수 있다. 그러나 막상 해보니 분명 효율적이기는 하지만 너무 무리해야 하거나 자신의 업무 방식과 맞지 않는 방법일 때도 있다. 특히 잘 맞지 않는 방법은 아무리 노력해도 순조롭게 진행되기 어렵다.

사례에 비추어 이야기하면 만약 당신이 '단가가 높은 상품을 3건, 낮은 상품을 1건 정도 판매해도 목표를 달성할 수 있겠지만 나는 높은 비용도 쓸 수 있는 경영자를 대상으로 영업하는 게 더 자신 있어'라고 생각한다면 단가가 높은 상품만 판매하는 것을 과제로 삼아도 된다.

둘째, 시간과 노력은 절대 무한하지 않다.

달성 방법이나 일정을 결정하는 단계에서 흔히들 실제 일하는 사람의 시간과 노력을 무한한 것처럼 여기기 쉽다. 그러나 절대 그렇지 않다는 사실을 기억해야 한다. 누구나 한 번쯤 의욕이 앞서 무리한 계획을 세웠다가 결국 실패했던 경험이 있을 것이다. '이 일에 얼만큼의 힘이 들어가는가'를 인식하며 진행하지 않으면 오래 지속할 수 없다. 당연히 목표한 바를 달성하지도 못한다. '조금 무리일 것 같은데…'라고 느꼈다면 그 직감을 따르는 편이 좋다.

이런 판단이 필요할 때 단순히 '일단 열심히 해보자', '어쩔 수 있나. 최선을 다하는 수밖에…', '이대로는 불가능하니 인원을 늘리자'라고 생각하는 것은 위험하다. 장기적으로 봤을 때 얻을 수 있는 이익이 점점 줄어들며, 잘못된 방향으로 진행하게 된다.

만약 직장인이라면 어떤 판단을 하든 정해진 급여를 받겠지만 개인사업자이거나 프리랜서에게는 매출이 곧 월급이고 연봉이다. 다시 말해 이들에게 수입은 '시간×단가'이며, 수입을 늘리는 방법은 일하는 시간을 늘리거나 단가를 높이는 것 중 하나다. 대부분 이 두 가지 선택지 가운데 시간을 늘리는 방향을 고른다. 이럴 때에는 꼭 일에 들어가는 수고를 늘리지 않고도 목표를 해결할 방법은 많다. 가장 쉽고 효율적인 해결책은 단가를 올리는 것이다. 상품이나 서비스, 결과물의 질을 높여 단가를 올리는 방향으로 고민하지 않는다면 마치 시간과 노력이 무한한 사람처럼 계속 일해야 할 것이다.

이는 업무상 커리어를 관리하는 데도 매우 중요하다. 이직할 때 '500만 원의 광고를 판 사람'과 '5,000만 원의 광고를 판 사람', '5억 원의 광고를 판 사람' 중 누가 시장가치가 높을지는 굳이 말할 필요도 없을 것이다. 이직 시장에서는 500만 원짜리 광고를 '열심히' 파는 사람보다 5억 원짜리 광고를 팔아서 '효율적으로' 매출을 올리는 사람을 원하는 곳이 훨씬 많다.

회사는 직원들의 시장가치까지 챙기지 않는다. 회사 입장에서는 '어느 쪽이든 좋으니 매출만 올리라'는 것이 본심이다. 그러니 자신의 커리어는 스스로 생각하는 수밖에 없다.

작게 나누어
생각하기

시장가치가 있는 커리어를 고민한다면 이렇게 생각하게 될 것이다. '500만 원짜리 광고를 2배 더 팔라는 회사에서는 미래가 뻔하니 같은 시간과 노력을 들인다면 더 의미 있는 성과를 낼 수 있는 회사에서 일하자.'

그러니 어떻게든 무조건 매출을 올리라는 지시에 따르려고만 하지 말고, 목표를 달성하기 위해 모두 함께 효율적으로 접근할 수 있는 관점을 가지고 방법을 찾을 수 있도록 질문하고 제안의 목소리를 내길 바란다.

③목표·문제를 달성하거나 해결하는 것이 의미 있는가?

목표와 문제를 명확히 파악했다면 이를 해결하는 일이 진짜 의미가 있는 것인지 재검토한다. 이를 위해서는 목표를 달성하거나 문제를 해결했을 때를 생각해본다. 그 일을 해냄으로써 조직이나 개인이 원하는 결과에 도달했는지 따져보는 것이다. 영업부 B에게는 승진이라는 명확한 목표가 있으며 이를 이루는 것이 그에게 매우 의미 있는 일이라면 당연히 계속해서 나아가야 할 것이다.

④목표 달성이나 문제 해결에 필요한 자원 또는 조건을 10개 열거한다

목표 달성이나 문제 해결에 필요한 것들을 따져보자. 구

체적으로는 '인원이 더 필요한가?', '몇 명을 충원해야 하는 가?', '어떤 능력들이 있어야 실현 가능한가?', '회사에 어떤 허가를 받아야 하는가?' 등을 명확히 한다.

10개를 모두 떠올릴 수 없다면 반대 요소나 별개의 요소를 따져보자. 이를 테면 일정과는 별개의 요소를 생각할 경우 날짜나 시간과는 관련 없는 '사람'이라는 요소를 떠올릴 수 있다. 이어서 사람이 아닌 요소는 '돈'이고, 돈이 아닌 요소는 '시설', 시설이 아닌 것을 생각하면 '시스템'… 이런 식으로 발상을 이어나갈 수 있다.

이 단계에서는 자원과 행동 관리를 챙겨야 한다.

⑤언제까지 무엇을 해내면 성공적인지 기간으로 분해한다

마지막으로 '언제까지 무엇을 해내면 성공적이라고 볼 수 있는지'를 기간으로 분해한다. 요컨대 지금까지 결정한 사항들을 구체적으로 실행하기 위한 행동 계획을 세우는 것이다.

예를 들어 목표 달성의 시기를 1년 후로 정했다면 3개월씩 4번으로 나눈다거나 1개월씩 12번으로 기간을 나눈다. 그리고 앞 단계에서 생각한 10개의 자원(조건)을 필요한 기간에 배치한다. 첫 6개월 동안은 직원 채용과 기술 향상에 힘을 쏟은 뒤 남은 6개월간 목표 달성을 위해 전력 질주하는 방법도 있을 것이다. 이것을 생각하는 것이 곧 전략이고 계획이다.

[그림 2-3] 목표 달성 방법을 기간으로 분해한다

**언제까지 무엇을 해내면 목표를 달성하거나
문제가 해결되는지 기간으로 분해한다**

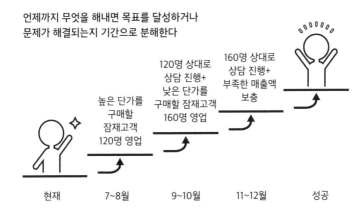

무엇부터 해야 할지 생각해서 기간으로 분해한다

B의 사례로 따져보면 목표 달성 기간이 6개월이므로 2개월씩 나눈다. 처음 2개월간 높은 단가의 상품을 구매할 가능성이 있는 잠재고객 120명을 상대로 영업한다. 다음 2개월은 낮은 단가의 상품에 관심 있는 잠재고객 160명을 상대로 영업을 하면서 높은 단가의 고객과 거래를 위한 미팅을 진행한다. 마지막 2개월은 부족한 매출액을 채운다는 식으로 기준을 만들 수 있다.

그리고 실제로 실행을 시작한 뒤에는 계획과 행동을 되돌아본다. 처음부터 순조롭게 진행되리라는 보장은 없으므로

[그림 2-4] 업무의 목표 달성과 문제 해결을 위한 시트

목표·문제를 적는다	당신이 가지고 있는 목표·문제를 적는다
목표·문제를 구체화한다	언제까지 누가 무엇을 해서 어느 수준만큼 달성하면(해결하면) 얻는 것이 무엇인지 적는다. 진짜 의미 있는 목표·문제인지 생각한다. 그렇지 않다면 재검토 후 다시 시작하자.
필요한 자원이나 조건을 열거한다	목표를 달성하거나 문제를 해결하는 데 필요한 것은 무엇일까? 10개를 적는다(기간, 멤버, 예산, 기술, 물자, 정보, 허가 등)
언제까지 무엇을 해내면 성공적인지 기간으로 분해한다	무엇부터 해야 할지 생각해서 기간으로 분해한다

진행된 과정을 되돌아보며 재검토한다. 지금까지의 전체 흐름을 정리해 검토해보는 시트를 만들었다(그림 2-4 참고).

이렇게 작게 나누어 생각하는 분해사고 습관은 일하는 사람이라면 누구나 실천하고 있어도 이상하지 않다. 그러나 현실은 애초에 목표 자체를 깊이 생각하는 사람이 많지 않다. 그리고 "어떻게든 매출을 올려야 해.", "결과를 내려면 일단 열심

히 해야 해."라며 눈앞의 일에만 무작정 파고드는 식으로 매우 비효율적으로 일하는 경우도 많다. 결국 목표를 달성하기 전에 지쳐 나가떨어지거나 우왕좌왕하게 될 가능성이 높다.

자신에게 주어진 목표나 문제에 다양한 요소가 있고 여러 선택지가 있다는 사실을 깨닫는다면 반드시 사고의 폭을 확장시킬 수 있다.

'단가가 높은 상품을 파는 편이 성공률이 높을 것 같아.'

'잠깐, 그렇다면 3,000만 원이 아니라 아예 1억 원짜리 상품도 팔 수 있지 않을까?'

'내 전문은 단가 1,000만 원 상품을 영업하는 거지만 지금 고객들은 500만 원의 상품에 구매 의사가 더 많을지도 몰라.'

이렇게 분해사고를 했다면 계획에 반영한다. 구체적인 일정과 방법을 통해 실행해 나가는 것이다.

리더는 분해사고해야 한다

팀을 맡아서 이끄는 사람은 필수적으로 분해사고를 하며 일해야 한다. 대부분 팀에서는 팀장이 목표를 전달하면 팀원이 그 과제에 대해 생각해야 한다. 그러나 본래 팀장은 목표를 전달하는 일을 하는 것이 아니라 프로듀서처럼 목표를 달성하기 위한 과정을 함께 생각하고 고민하는 것이 바람직하다.

"제게 주어진 매출 목표는 1억 원이지만 과감히 2억 원에 도전해보고 싶습니다. 어떻게 해야 달성할 수 있을까요?"

팀원이 이렇게 업무 상담을 해오면 팀장은 분해사고를 이용한 다음과 같은 피드백을 주고받을 수 있어야 한다.

"현재 단가가 높은 상품과 낮은 상품 중 어느 쪽이 더 잘 팔리지? 또 어느 상품을 파는 것이 더 자신 있는지 궁금하네."

"저는 단가가 높은 쪽을 선호합니다. 다만 영업하는 데 시간이 다소 걸립니다."

"그럼 그 시간을 단축하기 위해 할 수 있는 일이 무엇일지 생각해보는 게 좋아. 상품을 파는 모든 과정을 분해해서 생각해보면 어떨까?"

참고로 구글에서는 매주 혹은 적어도 월 2회에 걸쳐 팀장과 팀원이 일대일 미팅을 통해 업무사항을 재검토하는 시간을 갖는다. 그래서 더욱 유연하게 더 나은 목표가 무엇인지 고민하고 다시 설정하여 좋은 결과를 낼 수 있는 것이 아닐까 싶다.

작게 나누어
생각하기

애매모호한 목표를
분명하게 만들어라

분해사고 플로차트(그림 2-1 참고)에서 아직 다루지 않은 부분을 이야기해보자. '목표·문제를 달성하거나 해결하는 것이 의미 있는가?'를 생각할 때 '아니오'라고 답하는 경우가 있다. 회사나 상사가 부여한 과제나 목표를 수긍하기 힘들었던 적이 있는가? 혹은 리더로서 과제나 목표를 설정하는 것이 서투른 까닭에 작년 목표를 답습하고 있는 사람도 있을지 모른다.

이럴 때는 좀 더 효과적인 목표로 전환하는 것이 좋다.

예를 들어 웹 콘텐츠를 제작하는 팀에게 '일주일에 12건(4명×3건)씩 한 달에 48건의 기획을 내놓는다'라는 목표가 주어졌다고 가정하자. 팀원들이 일주일에 기획을 3건씩 만들어내면 생각하는 습관이 생긴다는 효과는 기대할 수 있을지도 모른다. 다만 이 목표를 달성하는 것이 '정말로' 의미 있는지 생각하면 '진짜 필요한 게 맞나?'라는 애매모호한 느낌이든다.

이런 경우에는 '애매모호하다'는 느낌이 드는 이유를 분해하자. 이때 '왜', '어떻게', '무엇'이라는 관점에서 생각하면 좋다. 이를테면 다음과 같이 살펴보는 것이다.

- 정말 이 목표가 필요한가?
- 이 목표를 달성하면 어떻게 되는가?
- 주어진 과제 외에 다른 방법은 없는가?
- 왜 이 방법을 써야 하는가?
- 이 방법으로 목표를 정말 달성할 수 있는가?
- 지금 해야 할 업무도 있는데 이 과제를 꼭 해야 하는가?
- 이 목표는 어떤 문제를 해결해주는가?

여기까지 분해해 생각하면 주어진 과제를 수행해서 달성해야 할 '진짜' 목표가 보이지 않는다는 문제를 발견할 수 있다. 즉 '무엇을 위해' 이 과제 업무를 해야 하는지 모르는 것이다. 그러므로 팀 내 목표보다 더 상위의 목표를 확인하자 (그림 2-5 참고). 상사나 리더에게 질문한다고 해서 손해 볼

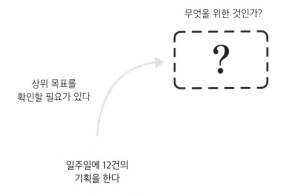

[그림 2-5] 목표가 무엇을 위한 것인지 모르는 상태

무엇을 위한 것인가?

?

상위 목표를
확인할 필요가 있다

일주일에 12건의
기획을 한다

일은 없으니 솔직하게 묻는 편이 좋다.

감각적인 기준은 '수'로 표현한다

무엇을 위한 목표인지 알게 됐다면 이제는 "수많은 기획 중에 좋은 것을 골라내자.", "양으로 승부하고 싶다." 같은 이 야기가 나올 것이다. 좋은 기획의 반대 요소를 따져 나쁜 기 획이 무엇인지 분해사고를 하고 이에 해당하는 기획은 제출 하지 않는다는 역발상도 나올 수 있다.

'좋은 기획' 방향으로 접근한다면 '무엇이 좋은 기획인가?'를 분해한 다음 그런 기획을 만들어내려면 어떤 기준이나 방법이 필요한지 생각한다. 이때 '감동적이다', '멋있다' 등 사람마다 다른 개인적인 감각을 기준으로 삼는다면 그 표현을 그대로 사용하기보다는 숫자로 만드는 편이 명확한 결과를 얻기가 쉽다.

이를테면 내가 업무 담당자라면 상사에게 "100만 명을 끌어모을 기획과 10만 명을 끌어모을 기획 중 어느 쪽을 만드는 것이 목적입니까?"라고 물어볼 것이다. 목적이 '100만 명을 끌어모을 기획을 1건 만든다'인 경우와 '10만 명을 끌어모을 기획을 10건 만든다'인 경우에 각각 좋은 기획의 의미가 전혀 달라지기 때문이다. 만약 전자가 목적인 경우에는 기획 건수를 늘리는 것이 아니라 기획의 질을 높이기 위한 논의가 필요하다. 또한 질적인 수준을 높이기 위한 논의를 할 때 '기획의 질이란 무엇인가?'를 분해할 필요가 있다. 말하자면 "좋은 기획을 만들어내기 전에 우선 첫 단계로서 어떤 기획이 히트했는지 조사하는 편이 좋지 않을까요?"라는 식으로 건설적인 제안을 할 수 있다.

100만 명을 끌어모을 기획을 만드는 데 참고할 만한 기획이 있다면 '어떻게 100만 명을 끌어모았는가?', '이런 기획을 만들기 위해 무엇을 해야 하는가?'를 분해해 생각하는 것이 좋다(제3장의 '그 상품은 왜 이렇게 잘 팔릴까?'를 참고하라).

작게 나누어
생각하기

이렇게 해서 본래 목적으로 돌아가 하나하나 분해해 나가면 단순히 '팀원마다 일주일에 기획을 3건씩 만든다'가 아니라 '좋은 모델을 조사할 시간을 확보한다', '사진이나 이미지의 질에 집착한다' 같은 방법이 더 효과적이라는 사실을 깨달을 수 있다.

한편 10만 명을 끌어모을 기획을 10건 만드는 것이 목적일 경우는 반드시 20건 이상의 기획이 필요하다. 만약 과거의 업무 실적을 봤을 때 제안한 기획이 통과될 성공률이 약 25퍼센트라면 최소 40건은 필요할지도 모른다. 그러므로 이 경우에는 "애초에 기획의 수가 부족하지 않나 싶습니다. 기획을 더 쉽게 만들어낼 방법을 궁리하면 어떨까요?" 같은 제안을 할 수 있다.

어느 쪽이 더 실행하기 쉬운가?

반드시 기억해야 할 점은 단순히 상사의 답을 따르는 것이 아니라 "우리 팀이라면 100만 명을 끌어모을 기획과 10만 명을 끌어모을 기획을 만드는 것 중 어느 쪽이 목표를 달성하는 데 더 좋을까요?"라고 질문하며 더 나은 방향을 모색해야(즉 상위의 목표를 바꿔 나가야) 한다는 것이다.

회사의 목표는 기본적으로 팀장에게 주어지며 팀장도 자신의 상사에게서 전달받는다. 그런 까닭에 많은 사람이 "왜 이 목표입니까?"라고 질문할 기회를 얻지 못하는 경향이 있다. 더 나은 목표를 고민하지 않고 항상 주어진 목표가 옳고 따라야 하며 다른 선택지는 없다고 믿는다. '상부의 지시에는 이유가 있다', '주어진 일은 반드시 실행해야 한다'라는 전제 아래 일단 열심히만 한다.

한번 냉정하게 생각해보자. 100만 명을 끌어모을 1건의 기획과 10만 명을 끌어모을 10건의 기획이 전체적인 효과를 봤을 때 차이가 없다면 어느 쪽을 선택해도 상관없지 않은가? 한 단계 위의 관점에서 분해사고를 하면 복수의 선택지가 만들어지고 이때 비로소 더 나은 방법을 선택할 수 있다. 그러므로 어떤 문제나 목표든 선택이 가능한 둘 이상의 선택지를 만들어낸 다음 더 나은 길을 고르는 것이 이상적이다.

위의 사례에서 나라면 "결과적으로 같은 효과가 있다면 100만 명을 끌어모을 기획 1건이 더 임팩트가 크지 않을까요?"라며 제안할 것이다. 또 커리어 관점에서도 '기획을 대히트시키는 편이 몸값을 더 높이는 이력을 만들 거야'라고 생각해 목표를 결정할 것이다.

회사는 당신의 커리어를 생각해주지 않는다. 그러니 팀의 성과와 개인의 시장가치를 모두 높일 수 있는 방향으로 판단

작게 나누어
생각하기

하길 바란다.

더 나은 목표와 커리어의 상관관계

회사나 상사로부터 주어진 목표를 무조건적으로 받아들이고 열심히 일하는 방향만 선택한다면 장기적으로 봤을 때 당신의 커리어에 절대 도움이 될 수 없다.

25년 전 내가 엔지니어로 커리어를 시작한 당시에는 C언어보다 먼저 개발된 포트란Fortran, 코볼COBOL 같은 옛날 프로그래밍 언어를 썼다. 베테랑 직원들은 오랫동안 이 프로그래밍 언어를 써왔고 신입인 나는 새롭게 등장한 언어를 사용했다. 오래된 언어를 쓰는 팀도, 새로운 언어를 쓰는 팀도 죽을힘을 다해서 일하는 것은 매한가지였다. 그리고 양 팀 모두 수개월 또는 수년이 걸리는 프로젝트에 힘을 쏟고 있었다.

한번은 오래된 언어를 쓰는 팀이 한 은행의 대형 프로젝트를 끝마쳤다. 적어도 3년은 걸렸던 것으로 기억한다. 그 3년이라는 시간 동안 베테랑 직원들은 잠자는 시간도 줄여가며 일했는데, 그러는 사이에 엔지니어를 둘러싼 업무 환경이 크게 변화했다. 새로운 언어를 사용하는 프로젝트가 상당수를 차지하게 되어 오래된 언어밖에 다룰 줄 모르는 엔지니어들은 할 수 있는 일이 없어진 것이다.

　같은 회사에서 그런 현실을 목격하자 베테랑 직원들이 직면한 문제가 결코 남의 일처럼 느껴지지 않았다. 그때 내 커리어는 결국 스스로 책임지고 만들어나가야 한다는 사실을 통감했다.

　하나의 길에 집착하면 도중에 그 길이 끊어졌을 때 오도 가도 못 하게 된다. 요즘은 변화가 매우 극심한 시대이기에 늘 새로운 지식이나 기술을 공부하지 않으면 언제 도태될지 알 수 없다. 또 주어진 목표나 업무 과제를 해결하는 데만 몰두해 팀과 회사, 개인에게 더 나은 것이 무엇일지 질문하는 일을 멈춰서는 안 된다. 그러므로 항상 목표를 재검토하고 더 나은 방향으로 나아가기 위해 다른 길을 선택할 수 있도록 늘 여러 가지의 선택지를 분해사고하여 확보해놓는 것이 중요하다.

내 목표는
정말 문제가 없을까?

'지금 내 목표에는 문제가 없다. 애초에 작은 부서이고 회사에서도 그다지 기대받고 있지 않으며 하루하루를 무탈하게 보낼 수 있으면 그것으로 충분하다.' 이렇게 생각하는 사람도 있을 것이다. 이를테면 일에 대한 의욕이 없지는 않지만 회사로부터 딱히 특별한 목표가 주어지지 않거나 소속팀의 업무가 회사 내부에서 우선순위가 낮은 까닭에 누구도 적극적으로 나서서 안건을 만들거나 의견을 내지 않는 상황인 경우가 많다.

어떤 환경이나 조건에서든 목표나 과제는 클수록 좋다고 생각한다. 좁고 낮은 관점에서만 생각하면 단기적이고 임팩트가 약한 사고밖에 할 수 없다. 당연히 눈에 띄는 성과로도 연결되지 않는다. 더 나아가 개인에게나 회사에 부정적인 영향을 주는 식으로 생각하는 경향이 강해진다.

낮은 관점에서 세운 목표는 바꿔야 한다

어떤 웹 페이지를 열었는데 느닷없이 팝업 광고가 뜨거나 스크롤을 하다가 나도 모르게 광고 배너를 누르게 되는 일이 있다. 관심 없는 광고를 보고 괜한 시간을 뺏겼다는 생각에 짜증이 난다. 이런 경험이 쌓이면서 광고에 혐오감을 느낀다.

그런데 광고는 원래 고객이나 이용자의 신경을 굳이 긁지 않아도 얼마든지 정보를 잘 전할 수 있다. 그럼에도 일단 당장의 매출을 높이려는 욕심이 앞선 나머지 짜증나는 방식으로 광고를 대량으로 생산하던 시기가 있었다. 분명 단기적으로는 실수로 클릭하는 고객수가 2배가 되면 광고 매출도 2배가 될 수 있다. 그런 식으로 일시적으로 매출을 높이는 회사도 있을 것이다. 다만 일시적으로 매출액이 2배가 되는 동시에 고객이 느낀 부정적인 감정도 2배 이상으로 부풀어 올라 장기적으로는 그 광고 브랜드나 상품, 웹 페이지를 이용하는 사람이 줄어든다. 한 번 이렇게 되면 나중에 광고 방식을 바꾸더라도 결과는 크게 달라지지 않는다. 단순히 개인이나 사업의 관점이라는 낮은 관점에서 이익을 추구하다 전체적인 광고 영역의 효과 하락을 초래하고 만 것이다.

언제부턴가 광고 업계 내부적으로도 온라인 광고의 건전성에 힘써야 한다는 목소리가 커지게 되었다. 여기에 법을 어기는 광고에 대한 규제나 사회적 인식도 강화되어 사람들의 불쾌지수를 높이는 광고 형식을 쓰는 회사는 오히려 매출에 타격을 입는 결과를 맞이한다.

처음부터 일차원적이고 지극히 사적 이익만 추구하는 낮은 관점에서 목표를 설정하는 것이 아니라 보다 장기적으로 또 더 많은 사람에게 미치는 영향을 고려하는 높은 관점에서 목표를 생각하면 전혀 다른 결과를 얻게 된다.

흔히 '성과를 내서 승진하고 싶다'는 개인의 관점에서 한 단계 높여 사업의 관점에서 목표를 생각하게 된다. '이 사업으로 매출을 늘리자', '팀의 성과를 높이자' 같은 발상이다. 여기서 한 단계 더 높이면 회사의 관점이 된다. '우리 회사를 업계 최고로 만들자', '브랜드 점유율을 ○○퍼센트까지 올리자' 등 경영자의 시선에서 바라보는 목표를 생각한다.

회사의 관점보다 윗 단계는 업계의 관점이다. '우리 업계를 사회에 공헌하는 업계로 바꾸고 싶다' 같은 생각을 하는 관점이다. 그리고 최상위 단계는 사회의 관점으로, '이 사회에서 더 많은 사람에게 도움이 되려면 무엇을, 어떻게 해야 할까?'라는 시선으로 생각하는 관점이다. 이 관점을 가진 대표적인 인물이 바로 일론 머스크다. 그가 전기자동차 기업인 테슬라에 일찍부터 투자하고 CEO가 된 것은 휘발유 자동차가 이대로 계속 늘어나면 지구 환경의 악화에 제동을 걸 수가 없다고 생각했기 때문이다. 즉 머스크는 인류와 지구를 구한다는 사회 단위의 관점에서 사업을 하고 있는 것이다.

우리 개인은 사회구성원이며, 사회의 관점은 돌고 돌아서 결국 개인의 관점과 연결된다. **즉 관점을 높여서 생각하면 궁국적으로 자신의 이익이 되어 돌아온다.** 높은 관점에서 세운 목표를 통해 회사나 업계 전체에 공헌할 수 있고 넓게는 사회에 영향을 끼치는 일이 될 수 있다.

직장인이거나 일개 팀원이더라도 팀장이나 사장의 관점, 회사의 관점, 업계의 관점, 사회의 관점에서 무엇을 어떻게 해야 할지 생각하기 바란다. 관점을 높이면 문제나 현상을 장기적으로, 더 크게 생각할 수 있게 된다. 그리고 결과적으로 세상이 필요로 하는 사람이 될 수 있다.

관점을 높일수록 좋다는 것이 이해되더라도 사회의 관점에서까지 생각하는 것은 허들이 높거나 비현실적으로 느껴질 수 있다. 기본적으로 관점을 한 단계씩 높여 생각하는 편이 좋다. 만약 당신이 팀의 일원이라면 관점을 한 단계 높여서 '팀장은 어떤 생각을 할까?'를, 팀장이라면 '사장은 어떤

작게 나누어
생각하기

[그림 2-6] **목표나 이상은 클수록 좋다**

사회 관점	'더 많은 사람에게 도움이 되려면 어떻게 해야 할까?'
업계 관점	'우리 업계를 사회에 공헌하는 업계로 바꾸고 싶다'
회사 관점	'회사를 업계 최고로 만들자'
사업 관점	'이 사업으로 매출을 늘리자'
개인 관점	'열심히만 해서 승진하자'

관점을 높여 크게 생각할수록 세상이 필요로 하는 사람이 된다

생각을 할까?'를 생각한다. 이처럼 처음에는 바로 한 단계 위의 관점에서 생각해볼 것을 권한다.

개인에게 필요한 이상을 추구하자

높은 관점에서 목표를 바라보되 당장의 해야 할 일에서 목적과 목표를 구체적으로 세워야 할 것이다. 이때는 개인에게 필요한 이상을 추구하는 것이 중요하다.

만약 당신이 고객의 전화 응대 업무를 하는 사람이라면 나는 이런 조언을 할 것이다.

"고객의 전화 응대를 크게 중요하지 않게 보는 회사도 있지만, 이 업무를 담당하는 팀이 가장 강력한 힘을 가진 회사도 있습니다. 세계적으로 유명한 의류판매 기업 자포스Zappos는 고객 서비스에 많은 힘을 쏟고 있지요. 그런 회사에 당신 같은 사람은 스타나 다름없는 존재입니다. 자포스 같은 회사라면 더 많은 연봉과 충만한 보람을 느끼면서 일할 수 있을 겁니다."

덧붙여 이렇게 물을 것이다.

"그런 회사에서 일하고 싶다면 이직을 목표로 삼기 바랍니다. 이직할 회사에서 활약하기 위해 지금의 회사에서 할 수 있는 일은 무엇일까요?"

그럼 당신은 이런 목표를 생각하기 시작할지도 모른다.

'이직할 때 내세울 만한 실적을 남기자.'

'구체적으로 3개월 후에 고객만족도에서 최우수 평가를 80퍼센트까지 얻자.'

그리고 목표 달성에 필요한 자원 또는 조건을 열거한다. 이를테면 고객의 만족도를 높이기 위한 요소를 다음과 같이 분해한다.

- 즉시 전화를 받는다
- 고객의 문의사항을 자세히 경청한다
- 빠르게 대응한다
- 문제를 바로 해결한다

이것을 실현하기 위해서는 어떻게 해야 할지도 열거한다.

- 업무 베테랑에게 배울 기회를 얻기 위해 공부 모임을 만든다
- 대응이 어려웠던 사례를 매주 팀 전체가 공유한다
- 클레임이 많은 안건에 관해서는 관련 부서에 개선을 제안한다

　그리고 이 사항들의 진행 일정을 정리하고 실행한다. 이런 흐름으로 생각해 나가면 일하는 방식도 달라질 것이다.
　일하다보면 회사의 목적을 우선해야 한다고 생각하기 쉽다. 그러나 업무의 목적이나 목표를 생각할 때 개인의 이상

을 추구하는 것도 매우 중요하다. **일을 실행하는 에너지나 열정은 오직 자기 안에서 샘솟기 때문이다.** '회사의 규칙을 따라야 해', '돈을 받는 만큼 일해야 해'라는 이유만으로는 한정적인 에너지만 생기고 쓸 뿐이지만 자신의 이상을 추구할 때 훨씬 더 많은, 심지어 무한한 에너지가 샘솟게 된다. 당연히 업무 성과도 좋아진다.

반대로 목표도 없이 막연하게 일이 왠지 잘 안 풀린다고 생각하며 '내 능력이 이 정도밖에 안 될 리가 없는데…', '혹시 다른 사람들보다 못하는 게 아닐까?' 같은 고민만 반복하는 사람은 결국 팀에서나 회사에서 "다른 건 됐고 이 일이나 처리해줘."라는 말을 듣는 상황을 마주하게 될 것이다. 그런 최악의 상황에서 벗어나려면 자신의 이상을 추구하는 목표나 과제를 스스로 찾아낼 필요가 있다.

작게 나누어
생각하기

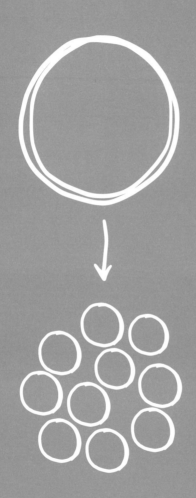

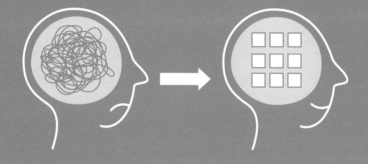

제3장

세상의 모든 문제는 더 작게, 더 선명하게 나눌 수 있다

매출을 올리는 방법은
이렇게 찾아라

　이 장에서는 일할 때 쓸 수 있는 문제 해결을 위한 여러 가지 분해사고 패턴을 보여주려고 한다.

　목표 설정부터 판매, 고객 분석 등 다양한 업무가 있고 또 팀원, 팀장, 회사라는 여러 관점에서 분해해야 하므로 이를 잘 살펴보기 위해 하나의 사례를 토대로 이야기한다.

　제조회사의 온라인판매 부서에 소속된 A는 팀 리더로 일하고 있다. 그에게 주어지는 여러 과제나 업무들은 주로 판매 영역에서 이뤄지는 것이지만 근본적으로는 누구나 일하면서 흔히 경험하고 고민하게 되는 일들이다. 일할 때 마주하게 되는 여러 문제 상황과 이를 해결하기 위해 어떻게 분해사고해야 하는지 살펴보자.

매출액의 분해 방정식으로 나누어 생각한다

A는 현재 회사의 매출액이 목표를 밑돌고 있어(목표 매출 100억 원에서 10퍼센트 미달인 상태다) 상사로부터 달성 방안을 찾으라는 요청을 전달받았다. 상사는 "목표 매출액 달성을 위해 남은 한 달 동안 필요한 방법을 강구해 매출을 올리게."라고 당부했다.

이때 '시간도 없고, 방법을 고민할 시간에 일단 되는 데까지 열심히 노력해보자'라고 흔히 생각하기 쉽다. 그러나 앞에서 살펴봤듯 매출액을 분해사고할 수 있는 명확한 방정식이 있다. 먼저 목표인 매출액을 분해해보자.

매출액은 '고객수(몇 명이 구매했는가?) × 객단가(한 명이 얼마나 구매했는가?)'로 구성된다. 따라서 목표 매출액 100억 원을 방정식에 대입해 극단적이지만 단순하게 분해하면 '1만 명에게 100만 원씩 판매한다', '10만 명에게 10만 원씩 판매한다'로 나눌 수 있다.

여기서 목표액의 10퍼센트를 달성하지 못한 원인을 진단하고 남은 한 달간 해야 할 과제를 찾아낼 수 있다.

첫째, '객단가'를 분해사고한다. 계획한 단가보다 10퍼센트 더 싸게 판매한 경우다. 고객수는 분명히 1만 명에 도달했지만 10퍼센트 할인된 단가(90만 원)에 판매를 했기 때문에 총 매출액의 10퍼센트가 미달된 상황을 생각할 수 있다.

둘째, '고객수'가 홍보를 제대로 하지 못한 탓에 부족한 경우다. 단가 10만 원에 판매했으나 구매한 고객수가 9만 명에 그쳐 목표 매출액을 채우지 못한 것일 수 있다.

이 두 가지 패턴 중 실제로 어느 부분이 미달 요소였는지 수치를 확인하고 매출 상승을 꾀해야 한다.

구매 고객수가 10퍼센트 부족했던 문제라고 가정하자. 이 제부터 고객수를 더 작게 나누어 분해사고한다. 전자상거래에서 고객수가 적은 경우라면 다음과 같은 패턴으로 나눌 수 있다.

①랜딩페이지(외부에서 링크나 광고 등을 통해 유입됐을 때 맨 처음 보게 되는 웹 페이지—옮긴이)의 접속자 수가 계획보다 적었다.

②접속자 수는 많았지만 계획했던 구매자 수를 달성하지 못했다. 즉 전환율CVR(웹 사이트 방문자가 제품 구매, 회원 가입, 알림 신청, 다운로드 등 의도한 행위까지 취하는 비율)이 낮았다.

적은 접속자 수 문제가 해결할 과제로 판단될 경우에는

홍보나 검색 엔진 최적화 상태 등을 재검토할 필요가 있다. 한편 전환율을 높이는 과제가 생길 경우에는 랜딩페이지가 보기 불편하거나 구매까지 연결하지 못한 이슈가 있다고 판단할 수 있다.

구매로 이어지지 않는 대표적 사례로는 'ㅇ만 원 이상 구매 시 배송비 무료' 서비스가 있다. 이를테면 객단가를 10만 원으로 만들기 위해 판매자 측이 10만 원 이상 구매 시에만 배송비를 무료로 설정한다. 이때 고객이 사려던 상품의 가격이 8만 원대라면 '뭔가 하나 더 사야겠네', '근데 딱히 사고 싶은 게 없는데…'라며 고민하고 망설일 수 있다. 그리고 추가로 살 만한 상품을 찾는 사이에 약 5분이 경과하면 다른 용건이 머릿속에 떠오르면서 구매 의욕이 저하된다. 결국 고민 끝에 '역시 억지로 10만 원을 채우는 건 돈 낭비 같아'라고 생각하고 구매 자체를 중단할 확률이 높아지는 것이다. 애당초에 '10만 원 이상 구매 시'라는 조건을 설정하지 않았다면 8만 원짜리 상품의 매출이 발생했을 텐데 매출 목표만 달성하려다 오히려 전환율을 떨어트리는 문제가 일어났다.

지금까지 한 분해사고를 정리해보자. 먼저 목표 매출액을 고객수와 객단가로 나눈다. 고객수가 부족했다는 문제를 발견한다. 여기서 구매 웹 사이트의 접속자수와 전환율로 문제 요소를 분해해 무슨 방안을 마련할지 모색해 나간다.

이제 그럼 다음과 같은 방안이 떠오를 것이다.

- 홍보 방법의 재검토(접속자 수에 영향)
- 할인 방침의 재검토(전환율에 영향)
- 웹 사이트의 페이지 구축 개선(전환율에 영향)
- 판매 상품의 개선(전환율에 영향)

정확한 목표는 어떻게 세워야 하는가?

이 사례에서는 사실상 목표를 세우는 단계에서부터 문제 요소를 분해하는 일이 필요했다. 매출액을 달성하지 못한 이유가 고객수와 객단가 중 무엇에서 10퍼센트 부족했는지부터 확인해야 했다. 그러면 **정확한 문제 요소를 진단해 처음부터 애매모호한 목표가 주어지지 않았을 것이다.**

평소 내가 클라이언트인 회사에 고객수나 객단가의 목표가 무엇인지 물으면 이런 대답이 돌아오는 경우가 대부분이다. "목표 매출액은 ○○억 원으로 결정하긴 했지만 고객수나 객단가라는 세부 목표까지 따로 설정하진 않았습니다."

목표 매출액은 있지만 고객수나 객단가의 목표가 없다는 것은 애당초 목표 자체가 모호하기에 결국 달성하기 힘든 결과만 나올 뿐이라는 사실을 기억해두기 바란다.

또한 회사의 목표는 '매출액'만이 아니다. 다음 예시처럼 여러 가지가 있다.

- 전환율=구매자 수÷접속자 수
- 채용 인원 수=응모자 수×채용률
- 구매 상담자 수=미팅 제안 건수×상담 성사 비율
- 상품 개수=제조자 수×시간당 제조 갯수×시간
- 이외 기타 등등

각 곱셈으로 표현되는 세부 요소의 경우의 수도 여러 가지가 있을 수 있으므로 자신의 상황에 맞게 분해사고를 해보기 바란다.

[그림 3-1] 매출액을 분해한다

· **매출액을 분해한다**

고객수(몇 명이 구매했는가?)
×
객단가(1명이 얼마나 구매했는가?)

· **분해사고의 패턴 예시**

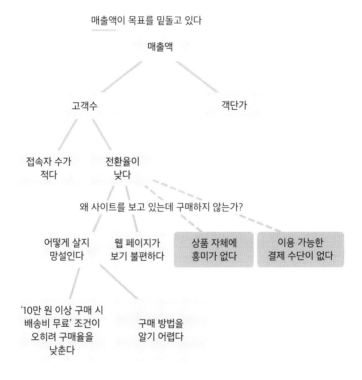

매출액이 목표를 밑돌고 있다

매출액

고객수   객단가

접속자 수가   전환율이
적다   낮다

왜 사이트를 보고 있는데 구매하지 않는가?

어떻게 살지   웹 페이지가   상품 자체에   이용 가능한
망설인다   보기 불편하다   흥미가 없다   결제 수단이 없다

'10만 원 이상 구매 시
배송비 무료' 조건이   구매 방법을
오히려 구매율을   알기 어렵다
낮춘다

혼자 해결할 수 없는
문제도 있다

매출액을 분해해 생각한 A는 "다른 부서와 협업해서 목표를 달성해야 겠다."라고 결심했다. 그의 결정처럼 무조건 자신의 노력만으로 목표 달성이나 문제를 해결하려 해서는 안 된다. **필요하다면 다른 부서에 협조를 요청하는 것도 반드시 선택지에 넣어야 한다.**

자신이 할 수 있는 영역에서만 노력하면 오히려 상황을 더욱 악화시킬 수 있다. 이를테면 온라인판매 부서의 소속이니 해당 부서의 매출만 높이려고 생각하면 상품 가격이나 상품의 개선 문제에는 손을 대지 않게 된다. 목표를 올바르게 분해하면 실제 필요한 과제는 가격이나 상품을 재검토해야 하는 일이라는 것을 발견할 수도 있다. 그러나 애초에 목표를

작게 나누어
생각하기

작게 나누어 살펴보지 않은 채 자신의 영역(부서)에서 할 수 있는 범위의 개선에만 힘쓴다면 결국 잘못된 선택지를 고르게 된다. 그리고 기대에 어긋나는 결과를 초래하는 일이 다음과 같이 종종 발생한다.

- 광고비를 더 투입한다. 오히려 이익률만 떨어진다.
- 랜딩페이지는 전혀 문제가 없는데도 돈을 들여서 개선한다. 결국 전환율이 10퍼센트 상승하는 한정적 효과만 얻는다.
- '○만 원 이상 구매 시 배송비 무료' 서비스를 도입한 결과 고객의 구매 의사를 저하시켜 매출 목표로부터 더욱 멀어진다.

실제로는 상품 개선이 필요한 상황임에도 온라인판매 부서에서 내부적인 대책만 세우려 하면 고객수를 늘리기 위해 선택 가능한 방안은 크게 한정된다. 예를 들어 객단가를 높이기 위해 '10만 원 이상 구매 시 배송비 무료' 서비스를 15만 원 이상 구매하는 조건으로 변경했다고 가정하자. 그러면 지금까지 기존 서비스 혜택을 누렸던 고객들 입장에서는 이렇게 생각하게 된다. '이젠 배송비 무료를 이용할 수 없네? 그럼 굳이 여기서 살 필요 없지.' 결국 이탈하는 고객만 점점 늘어나게 되는 것이다.

이 상황을 마주한 온라인판매 담당자는 궁지에 몰려 결국 잘못된 선택을 한다. '고객수가 줄었으니 객단가를 더 올려야 목표를 달성할 수 있겠어. 무료 배송 기준을 20만 원 이상으로 올리자.' 당연히 20만 원 이상 상품을 구매하는 고객이 생길 것이다. 하지만 전체 구매자 수는 그 이상으로 줄어든다. 낮은 관점에서 목표를 정하고 방법을 실행할 경우 이런 악순환에 빠져 버릴 때가 있다.

매출액은 '고객수×객단가' 방정식으로 성립하므로 고객수가 증가하면 1인당 구매액이 적어도 목표 매출액을 달성할 수 있다. 또 구매액이 적어도 더 나은 서비스가 제공된다면 고객수는 점점 늘어날 수 있다. 그러나 고객수가 감소할 때 자신의 영역에서 취할 수 있는 객단가를 높이는 방법만 고집하면 고객에게는 양질의 서비스가 제공되기 어렵다. 결과적으로 고객수가 걷잡을 수 없이 줄어드는 최악의 상황을 마주하게 된다.

진정 목표를 달성하고 싶다면 '진짜 해결해야 할 문제는 무엇인가? 이 문제는 누구와 어떻게 해결할 수 있는가?'를 생각하는 것이 매우 중요하다.

목표만 잘 분해하면 함께 해결할 수 있다

부서 간 연계가 어려운 조직도 분명 존재한다. 이때 달성해야 할 하나의 목표만 잘 분해해서 결정한다면 부서 사이의 장벽을 뛰어넘어 함께 노력할 수 있다.

단순히 '매출 100억 원을 달성한다'가 아니라 '10만 원의 상품을 10만 명에게 판매한다'라는 목표를 회사 내부에 공유한다면 부서별 목표와 해야 할 일이 정해진다. 이를테면 홍보부는 '10만 명에게 상품을 알린다'가 목표가 되고, 상품개발부는 '10만 명이 살 만한 10만 원짜리 상품을 만든다'가 목표가 된다.

현재 웹 사이트 방문자의 구매 전환율이 5퍼센트라고 가정하자. 10만 명의 구매자를 얻기 위해서는 200만 명이 유입되어야 하므로 대규모의 홍보 활동이 필요하다. 이를 위해 각 부서의 목표가 다음과 같이 구체화될 것이다.

"200만 명의 방문자를 이끌기 위한 이벤트를 기획하자."

"현재 구매 전환율을 유지할 수 있도록 직관적이고 빠르게 작동하는 웹 사이트를 구축하자."

"웹 사이트에 방문한 200만 명이 사고 싶어지는 상품을 개발하려면 무엇이 필요한지 시장조사를 실시하자."

만약 목표가 '1만 명에게 100만 원의 상품을 판매한다'로 바뀐다면 홍보나 상품개발 방식도 달라질 것이다. 불특정 다수를 대상으로 하는 광고보다는 확실한 타깃고객이 보는 매체에 광고를 집중하는 편이 낫고, 상품의 브랜딩 개발도 필요할지 모른다.

최초의 목적이 분명하지 않으면 방법도 뒤죽박죽이 된다. 커다란 목표·목적을 잘 분해해 더욱 구체적으로 만들면 각 부서가 필요한 목표와 과제를 정할 수 있고 이를 달성하기 위해 최선을 다하기만 하면 된다.

2016년 나는 스마트뉴스SmartNews(약 3,000개 뉴스 매체와 제휴를 맺고 인터넷상에서 화제가 된 뉴스를 제공하는 애플리케이션 기업. 해당 앱은 미국과 일본에서 5,000만 다운로드를 기록했으며 매달 2,000만 명이 이용하는 것으로 알려졌다-옮긴이)에 입사해 브랜드광고책임자Head of Brand Advertising를 맡았던 경험이 있다. 회사가 내게 기대했던 것은 '광고 매출 향상'이었다. 나는 먼저 회사에 "스마트뉴스의 이용자를 늘려주십시오."라고 요구했다.

당시 스마트뉴스의 이용자 수는 약 2년 동안 거의 증가하지 않고 있었다. 이용자가 늘어나지 않는 플랫폼에 광고를 올리는 사람은 없다. 이용자가 증가해야 광고가 팔린다. 일단 이용자 수가 늘어나면 광고 건수도 자연히 늘어나 매출을 높이기가 쉬워진다.

[그림 3-2] 목표를 잘 분해해서 분명하게 만든다

• **목표를 분해한다**

> 목표⇒각 부서가 헤매지 않도록 구체적인 부분까지 분해한다

• **애매모호한 목표와 분명한 목표의 차이**

[나쁜 예]

매출을 10배 높이자

상품개발
일단 좋은 상품을 만들자

홍보
무조건 대중매체에 광고하자

온라인판매
웹 페이지 방문자가 많이 구입하도록 만들자

각 부서의 목표가 전부 모호하다

[좋은 예]

10만 원의 상품을 10만 명에게 판매하자

상품개발
적당히 고급스러운 상품을 만들자

홍보
10만 명 이상을 대상으로 하는 규모가 큰 채널부터 찾자

온라인판매
10만 원이 비싸지 않게 느껴지려면 어떻게 해야 할까?

모든 부서가 한 방향으로 움직일 수 있다

그래서 나는 많은 광고를 적정 가격에 팔아서 최대한 많은 이용자에게 광고를 보여주는 것이 중요하다고 생각했다. 특정 몇몇 사람에게 광고가 계속 노출되면 스마트뉴스의 이용 자체를 끊을 우려가 있다. 그렇게 되면 시간이 흐를수록 이용자 수가 감소할 것은 불을 보듯 뻔했다. 반면 보다 많은 사람을 대상으로 광고를 노출하면 한 사람이 광고를 접하는 횟수가 감소하므로 서비스로부터 이탈할 가능성이 적어진다. 그래서 회사에 가장 먼저 이용자 수를 늘려달라고 요청했던 것이다.

맡은 일은 광고책임자였지만 활용한 방법은 고객수를 증가시키는 것이었다. 내가 속한 영역에서 직접 해결할 수 없는 문제일지라도 '진짜' 필요한 목표와 과제부터 확실히 분해해 생각하고 회사와 함께 논의한 것이다. 흔히 광고책임자라면 광고 클라이언트부터 늘리고 광고 단가를 높게 책정하거나 광고 영역의 개선부터 생각하기 쉽다. 그러나 나는 진짜 해결해야 할 우선 과제와 목표를 보다 높은 관점에서 생각하고 실천에 옮겨 결과적으로 나은 방향으로 나아갈 수 있었다.

어떻게 하면
고객이 더 많이 살까?

단가를 높일 수 없을 때 매출을 올리려면 구매 건수를 늘려야 한다. 이를 위해 단순히 고객수를 늘려야겠다고 생각할 수도 있지만 이런 식으로 분해할 수도 있다.

①고객수×1회당 구매 개수

②고객수×구매 횟수

고객마다 구매 패턴이 다르므로 다양한 경우의 수를 따져보는 것이다. 이를테면 한 번에 여러 개를 구매하거나 한 개를 사더라도 여러 번에 걸쳐 구매가 이뤄질 수도 있다.

분해사고① 1회당 구매 개수를 늘린다

고객이 한 번에 많은 수의 상품을 구매하는 이유나 목적은 무엇일까? 대부분 '선물용'으로 사는 경우가 아닐까 싶다. 평소 개인적으로 애용해서 1~2개 정도 샀던 제품이나 선물용으로 추천받은 상품은 필요한 경우 다량으로 구입하는 일이 생길 수 있다.

대표적인 사례가 전통과자점 도라야とらや의 양갱이다. 도라야에서는 양갱을 커다란 덩어리로 만들어 적당한 크기로 잘라놓은 약 3만 원짜리 가정용 상품부터 한 입 크기로 36개씩 나누어 포장한 10만 원짜리 선물용 상품까지 다양하게 판매한다.

이처럼 선물용으로 구매 가능하거나 다수에게 배포하는 기념품이나 필수품이 될 수 있는 상품들도 1회당 구매 개수가 많이 발생하므로 이에 부합하는 상품 개발을 고려해볼 수 있다.

분해사고② 구매 횟수를 늘린다

이번에는 구매 횟수를 생각해보자. 일, 주, 월, 년 단위 등 다양한 패턴이 있는데 최근에는 구독 서비스도 활발하므로 10만 원짜리 상품을 12개월간 정기 구매하도록 유도하는 방법도 검토해볼 수 있다.

구독 서비스 판매는 고객 생애 가치Customer Lifetime Value (소비자가 하나의 상품이나 서비스를 이용하는 동안 기대되는 매출 기여도를 가치화한 지표-편집자)를 높이는 방법 중 가장 효과가 크다. 일반적으로 고객은 상품을 살 때마다 '이걸 살까, 말까?' 하고 고민하는 과정을 반드시 거친 뒤 구매를 결정한다. 이 고민을 건너뛰도록 만들기는 어렵지만 12회분의 정기 구매를 유도하면 한 번의 구매 결정만 거쳐 12건의 매출을 일으킬 수 있다.

물론 아무리 방법이 좋다고 하더라도 자사 상품이 구독 서비스와 성격이 맞는지 고려할 필요가 있다. 이를테면 여행 가방처럼 한 번 사면 오랫동안 쓰는 상품을 한 명의 고객에게 매달 판매하는 것은 불가능한 일이다. 반대로 말하면 비교적 자주 쓰거나 바꿔야 하는 상품 혹은 가격이 저렴해서 구입하는 데 부담이 적은 상품이나 서비스는 구매 서비스 방식을 도입할 여지가 있다.

[그림 3-3] 구매 건수를 분해한다

· **구매 건수를 분해한다**

①구매 건수=고객수×1회당 구매 개수
②구매 건수=고객수×구매 횟수

· **고객이 더 많이 구매하게 만드는 방법을 찾아보자**

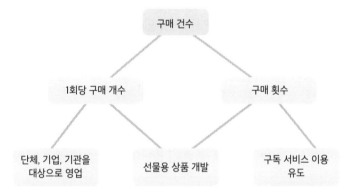

작게 나누어
생각하기

시간을 분해하면
실현 가능성이 커진다

A의 부서에 '내년 목표 매출액 100억 원을 달성한다'는 목표가 새롭게 주어졌다. 현재로서는 목표 매출액에서 10억 원을 달성하지 못한 상태이기 때문에 내년에도 해낼 수 있을지 염려된다.

회사로부터 커다란 목표가 주어진 경우, 대부분 현재의 상태(목표가 미달성된 상황)와 이상적인 상태(목표 달성까지 계획대로 이뤄지는 상황)를 같은 시간축에 놓고 생각한다. 그러다 두 상황 사이의 커다란 괴리에 압도당해 '절대 불가능해', '어디서부터 손대야 할지 도무지 모르겠어'라며 공황에 빠지는 경향이 있다. 반대로 단번에 매출을 올리려고 무모한 시도를 하기도 한다.

여기서 가장 중요한 일은 기간을 명확히 나누는 것이다. '4개월 후에 이만큼, 8개월 후에 이만큼, 12개월 후에는 총 목표 매출액을 달성하자'와 같이 100억 원을 달성하기 위한 단계를 계획해 나가는 것이 중요하다.

먼저 현재 매출액 90억 원이 어떻게 나왔는지 살펴본 결과 객단가 10만 원으로 9만 명의 고객에게 판매된 상황임을 파악했다고 가정하자. 매출액을 늘리기 위해서는 '구매자 수를 어떻게 늘릴 것인가?'와 '구매 단가를 어떻게 높일 것인가?'라는 두 가지 과제로 나눠서 생각하면 된다. 말하자면 고객수를 9만 명에서 10만 명으로 늘리느냐, 객단가를 10만 원에서 12만 원으로 높이느냐를 따져본다.

이때 기간으로도 분해해서 함께 생각하는 것이 좋다. 고객수와 객단가 중 어느 쪽을 올리는 일이 더 쉬울지 고민하다 A는 이런 아이디어를 떠올렸다. '이 상품은 고객이 재구매할 가능성이 있으니 우선 고객수를 늘리고, 그다음에 세트 상품도 출시해서 구입하게끔 유도하면 어떨까?'

이 아이디어를 기간으로 분해해 다음과 같이 단계를 나눌 수 있다.

• 1~4개월: 고객수를 늘린다

작게 나누어
생각하기

- 5~8개월: 객단가를 높인다
- 9~12개월: 부족한 사안을 조정한다

이렇게 기간별로 대략적인 목표를 결정했다면 이제 '언제까지 누가 무엇을 해야 하는가?'를 구체적으로 생각해본다.

'첫 4개월간 고객수를 늘리는 데 집중해야 하니 홍보 담당인 B에게 그 기간 동안 SNS에 힘을 쏟으라고 지시하자.'
'구매자 중 긍정적인 리뷰를 올리면 바이럴 광고가 되도록 웹개발자인 C에게 ○일까지 '공유' 버튼을 추가해달라고 요청하자.'
'친구 소개 이벤트도 활발히 진행되도록 챙기자. D에게 △일까지 이벤트 시안을 정리하게 한 다음 ◎일에 다 함께 논의하자.'

이런 식으로 구체적인 과제와 일정을 결정해 나가는 것이다.

100억 원 달성이라든지 커다란 목표가 주어졌을 때 무작정, 무계획적으로, 단번에 해결하려고 하지 말고 목표를 작게

[그림 3-4] 기간을 분해한다

· **기간을 분해한다**

> 기간⇒해야 할 일(과제)을 적절한 시기를 고려해 나눈다

· **시간을 나누면 해야 할 일이 구체적으로 보인다**

시간을 나눈다

4개월 고객수 늘리기	4개월 객단가 높이기	4개월 부족한 사안 조정하기
B가 해야 할 일 C가 해야 할 일 D가 해야 할 일 E가 해야 할 일	B가 해야 할 일 C가 해야 할 일 D가 해야 할 일 E가 해야 할 일	8개월째 되는 때에 회의를 열어 상황을 검토하고 남은 과제를 결정한다

나누어 '어떻게 하면 달성할 수 있을까?'를 명확히 해야 한다. 그런 다음 해야 할 과제들을 기간으로 분해해 실천하는 것이 필수다.

목표를 전달받았을 때 특정 기한이 언급되지 않는 경우도 있다. 그러려니 하지 말고 좋은 성과를 내고 싶다면 반드시 기한을 확인하자. 상사나 회사가 요구하는 기한을 알아야 목표나 목적에 대한 정확하고 공통된 인식을 가지고 분해해 구체화할 수 있다.

계획대로 잘 풀리지 않을 때
해야 할 일

　'고객수 1만 명 만들기', '매출액 100억 원 달성하기' 등 특정 숫자를 활용해 목표를 정하면 그 자체로 계획이 된다고 사람이 적지 않다. 그러나 현실적으로 계획한 대로 숫자를 정확히 달성하는 경우는 거의 없다. 그러므로 **계획을 세울 때는 숫자를 미리 확정하지 말고 비관적인 관점과 낙관적인 관점, 즉 두 가지 패턴을 나누어 생각하는 것이 좋다.** 이 패턴은 계획을 세울 때 매우 효과적인 분해 방법이다.

　'고객수 1만 명×객단가 100만 원'으로 100억 원의 매출 달성을 계획할 경우 비관적으로 생각하면 고객수가 8,000명에 그칠 수 있고, 낙관적으로는 1만 2,000명까지 증가할 것이라고 예상할 수 있다. 객단가 역시 비관적으로 80만 원, 낙

[그림 3-5] 계획을 비관적 관점, 낙관적 관점으로 분해한다

> '비관×비관' 시나리오(매출액)=8,000명(고객수)×80만 원(객단가)
> '낙관×낙관' 시나리오(매출액)=12,000명(고객수)×120만 원(객단가)

	~4개월	~8개월	~12개월	
비관적 관점	22억 원	20억 원	22억 원	총 64억 원
낙관적 관점	48억 원	48억 원	48억 원	총 144억 원

'비관×비관' 시나리오로 진행이 예상되면 대책을 마련한다

관적으로 120만 원이 될 가능성이 있다.

만약 고객수와 객단가가 '비관×비관' 시나리오로 실현되면 '8,000명×80만 원=64억 원'으로 목표인 100억 원에 크게 못 미치는 수치를 기록하게 된다. 반면 '낙관×낙관' 시나리오로 진행되면 '12,000명×120만 원=144억 원'을 달성해 목표액보다 크게 웃돌게 된다. 이 정도의 폭을 염두에 두고 계획을 세우는 것이 중요하다.

이때 기간을 나누어 생각하면 좋다. 기간별로 비관적인 관점과 낙관적인 관점을 조합해 다양한 시나리오를 생각해 두면 계획대로 진행되지 않았을 때 잘 대처할 수 있다.

계획은 하나의 목표 숫자를 정확히 알아맞히는 게임이 아니다. 낙관적인 관점과 비관적인 관점에서 계획을 바라본 다음 예상되는 목표 범위의 폭을 가늠하고 더 나은 결과를 내도록 노력하는 것이 중요하다.

할 일은 많은데
우선순위를 모르겠다면

여러 다양한 아이디어와 과제가 있을 때 우선순위를 정하기 어렵다면 이렇게 해보자. 사분면을 써서 '효과가 크다', '효과가 적다', '시간이 오래 걸린다', '시간이 오래 걸리지 않는다'를 기준으로 분류해 대입해보는 방법이 효과적이다(그림 3-6 참고).

최우선적으로 해야 할 일(과제)은 '효과가 크고 시간이 오래 걸리지 않는 일'이다. 반대로 '효과가 적고 시간이 오래 걸리는 일'은 굳이 하지 않아도 된다.

고민스러운 부분은 '효과가 크지만 시간이 오래 걸리는 일'로 분류되는 아이디어다. 이런 종류의 아이디어는 의식적으로 하지 않는 한 계속 후순위로 밀려나는 경향이 있기 때

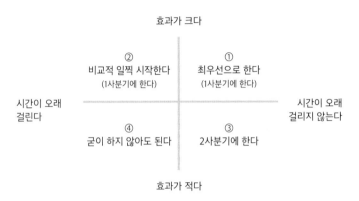

[그림 3-6] 해야 할 일(과제)을 4분할한다

'효과가 크다/적다', '시간이 오래 걸린다/오래 걸리지 않는다'
두 개의 축을 기준으로 생각한다

효과가 크다

② 비교적 일찍 시작한다
(1사분기에 한다)

① 최우선으로 한다
(1사분기에 한다)

시간이 오래 걸린다

시간이 오래 걸리지 않는다

④ 굳이 하지 않아도 된다

③ 2사분기에 한다

효과가 적다

문이다. 이를테면 통신 판매업을 하는데 "새로운 결제 수단을 도입하려면 반년은 걸립니다."라는 뉴스를 들으면 '나중에 하자'는 심리가 발동하기 마련이다. 그러나 이제는 많은 사람이 쓰는 모바일 결제 수단을 미리 준비해두지 않으면 오히려 뒤처지는 셈이 된다. 그러므로 가능하면 일찍 준비해두는 것이 좋다.

아이디어를 4분할로 나누어 분류한 다음 기간으로 분해하면 우선순위가 더욱 분명해진다. 예를 들어 1년을 기준으로 효과가 크지만 시간이 오래 걸리는 일은 1사분기부터 시작해야 한다. 또 효과가 크고 시간이 오래 걸리지 않는 일은 당연히 1사분기에 최우선으로 하는 것이 맞다.

효과가 적지만 시간이 오래 걸리지 않는 일은 1사분기에 시작한 일(과제)의 효과를 살피면서 2사분기 이후에 손대면 편이 좋다. 효과도 적고 시간도 오래 걸리는 일은 후순위에 두거나 굳이 하지 않아도 된다.

'할 일은 많은데 우선순위를 도무지 모르겠어요…'

이런 고민만 반복한 채 매일 바쁘게 사느라 정신없다면 먼저 분해사고로 자신의 업무를 정리해보기 바란다. 앞에서 보여준 사분면을 활용해 업무를 분해해서 살피고 필요 없는 업무가 있다면 과감히 버린다. 일부는 얼마든지 자동화로 돌릴 수 있을 것이다.

개인뿐 아니라 팀 전체가 모두 이 방법을 통해 업무사항을 재검토할 수 있다. 예를 들어 매일 고정적으로 하는 보고서 작성 업무가 시간도 오래 걸리고 효과도 거의 없다고 판단되면 해당 업무를 없애거나 다른 방식으로 진행하는 것을 고려해볼 수 있다. 시간은 오래 걸리지만 효과가 큰 업무의 경우, 시간을 단축할 방법을 함께 의논해도 좋을 것이다. 물론 효과가 적은 업무를 효과가 큰 업무로 만드는 것도 하나의 방법이다.

효과의 정도를 판단할 때 '무엇을 위해 하고 있는가?'라

작게 나누어
생각하기

는 관점에서 바라보는 것이 중요하다. 회사에서 처음에는 분명 목적이 있어서 진행했던 업무가 시간이 흐르면서 의미 없이 관행적으로 하는 일로 바뀌는 경우가 종종 있다. '이 일은 무엇을 위해 하는 걸까?'를 생각하면서 재검토하면 '이 자료는 1년 이상 아무도 안 보고 있군', '법률이 바뀌어서 이제는 이렇게 처리할 필요가 없겠어'라는 식으로 불필요한 일들을 발견하게 되는 경우가 있다. 의미가 없는, 즉 효과가 없는 업무는 과감하게 중단할 수 있어야 최우선해야 할 일에 집중할 수 있다.

파는 방식은
얼마든지 다양하다

    판매 방식을 분해할 때 기본적으로 오프라인과 온라인을 나누어 생각할 수 있다. 여기서는 온라인판매 부서에서 일하는 A가 판매처를 늘리려면 어떻게 분해사고를 해야 하는지 알아보기 위해 온라인 영역을 살펴보겠다.

    제조회사가 온라인판매 사업에 뛰어들 경우, 대표적으로 아마존, 이베이 같은 인터넷 종합 쇼핑몰에 출점하는 방법이 일반적이다. 요즘에는 워낙 다양하고 수많은 인터넷 쇼핑몰이 존재하기 때문에 판매할 수 있는 채널도 여러 곳을 선택할 수 있다.

    다만 많은 인터넷 쇼핑몰에 출점하면 비용이 그만큼 많이 소요된다. 또 너무 많은 곳에서 판매하는 탓에 오히려 온라인

판매 사업 운영 자체가 어려워지는 기업도 있다. 가능하면 상품당 판매된 금액이나 판매 과정에 투여되는 수고를 비교, 검토해 이익이 적거나 거의 없는 곳은 정리하는 것이 중요하다.

다른 방향으로 판매처를 찾아보고 싶다면 '반대 요소'를 따져 분해해보면 된다. 말하자면 '인터넷 쇼핑몰과 반대되는 요소로 무엇이 있을까?'를 생각해보는 것이다. 이때 떠올릴 수 있는 아이디어는 자사가 직접 온라인판매 사이트를 운영하는 것이다. 이미 고객을 확보한 인터넷 쇼핑몰에 출점하면 따로 모객 비용을 쓰지 않아도 된다는 이점이 있지만, 자사의 사이트에서 판매하면 이익률이 더 높아지고 운영 업체의 요구에 따라 판매가를 할인할 필요도 없다는 이점이 생긴다.

반대로 자사 채널에서만 상품을 판매 중인 회사의 경우 인터넷 쇼핑몰 업체들을 이용해 판매처를 확장하는 방향을 검토하는 편이 좋다. 신규 판매처를 찾을 때 처음부터 모든 쇼핑몰에 출점하지 말고 두세 곳을 골라 판매 추이를 살피며 그중 단가가 높고 고객층이 좋은 곳을 찾아낸다.

이처럼 '인터넷 쇼핑몰', '자사 운영 판매 사이트'로 판매 방식을 나눈 다음 가장 높은 단가로 판매할 수 있는 방법을 찾아내는 것이 좋다.

[그림 3-7] 판매하는 방법을 분해한다

• 판매 방식을 분해한다

판매 방식 = 파는 장소(판매처) × 결제 방법 × …

• '어디서' 파는 것이 가장 이익인지 살펴본다

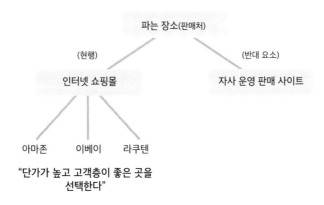

"단가가 높고 고객층이 좋은 곳을
선택한다"

고객의 80~90%가 만족하는
판매 방식을 찾자

판매처를 확장해서 매출을 올리려고 하더라도 실제로 판매처를 찾고 늘리는 것은 상당히 어려운 일이다. 그래서 좀 더 실현성이 높은 다른 방법을 찾기 위해 판매 방식을 분해해 다른 요소를 따져봐야 한다.

일례로 결제 수단을 다양화할 수 있다. 계좌 이체, 간편 결제, 할부 결제, 휴대폰 결제, 포인트 사용 등 최근 고객들이 사용할 수 있는 결제 수단이 무척 다양해졌기 때문에 각자 이용하기 하기 편한 방식으로 자유롭게 선택하고 싶을 것이다. 결제 수단 방식이 구매 결정에 영향을 주는 시대가 됐기 때문에 그 과정이 번거롭거나 익숙하지 않으면 고객은 구매 의사를 접고 쉽게 이탈하게 된다.

판매 방식을 분해할 때 고객의 80~90퍼센트가 만족하는 2~3개 종류의 수단을 제시하는 것이 이상적이다. "아이폰이 많이 팔린 이유는 버튼을 하나로 줄여서 누구나 사용할 수 있도록 만들었기 때문이다."라는 말이 있다(심지어 지금은 홈 버튼 자체를 없앴다). 이런 식의 발상처럼 판매 방식을 분해할 때는 더 많은 사람이 쉽게 사용할 수 있는 수단을 추구하는 것이 핵심이다.

누구에게
팔 것인가?

어느 날 회의에서 상사가 A에게 "누구를 대상으로 상품을 팔고 싶은가?"라고 물었다. A가 "30대 직장인을 염두에 두고 있습니다."라고 말하자 상사는 대상이 모호해서 잘 모르겠다며 다시 생각해보라고 지시했다.

세상에는 종종 '저걸 대체 누구에게 팔 생각으로 만든 걸까?' 하는 의문이 드는 상품이 등장할 때가 있다. 누가 봐도 살 사람이 없는 상품이므로 전혀 팔리지 않아 회사에 커다란 손실을 안긴다. 이런 상품이 나오는 이유 중 하나가 '상품의 방향성'을 분해하지 않았기 때문이다.

상품의 매출액은 고객수와 객단가에 달렸으므로 상품의 방향성은 '소수의 사람에게 판매하는 비싼 상품'과 '다수를

작게 나누어
생각하기

대상으로 팔고 싶은 저렴한 상품'으로 분해할 수 있다. 하나의 상품을 두고 고급스러운 느낌을 내세워서 특정 타깃층만 공략하는 방향과 구입하기에 부담 없는 저렴한 가격으로 대량 생산해서 대중 고객에게 어필하는 방향을 고려할 수 있다. 일단은 시장을 객관적으로 바라봤을 때 자사 상품의 방향성이 무엇인지 파악하는 것이 중요하다.

생각보다 많은 기업이 상품의 방향성에 둔감하다. 이를 전혀 신경쓰지 않고 상품의 판매 전략을 세우기 때문에 모든 부서가 저마다 다른 방향으로 생각하게 된다. 어떤 사람은 '일단 싸게 팔면 더 많이 팔 수 있지 않을까?'라고 생각하고, 또 다른 사람은 '가격 인하는 절대 안 돼!'라고 판단하는 상황이 생긴다. 그 결과 타깃고객과 포지셔닝이 애매모호한, 아무도 살 것 같지 않은 상품이 세상에 나오게 되는 것이다.

상품을 10원이라도 싸게 팔겠다는 목표와 가격을 2~3배 더 올려서 팔겠다는 목표에 따라 방향성은 정반대가 된다. 그러므로 상품을 고민하는 처음 시점에 최소한 '소수의 고객에게 인정받는 값비싼 상품'인지, '다수의 고객이 부담 없이 구입하는 저가의 상품'인지 결정하는 일이 중요하다. 이를 위해서 매출액 방정식(고객수×객단가)에 구체적인 수치를 넣어 모든 부서가 인식을 공유하는 것이 좋다.

고급화 전략을 취해서 상품을 판매하고 싶다면 타깃고객

[그림 3-8] 누구에게 팔 것인가를 분해한다

상품의 방향성을 고민한다

- 소수의 고객에게 인정받는 값비싼 상품
- 다수의 고객이 부담 없이 구입하는 저가의 상품

고급화 전략으로 판매할 경우 타깃고객을 분해한다

(예) '30대 직장인'을 대상으로 판매한다

- 근무지가 수도권인가? 지방인가?
- 관리직, 일반직, 전문직 등 직종이 무엇인가?
- 주로 컴퓨터로 일하는 시간이 많은가? 사람을 대하는 시간이 많은가?

이 '바로 그걸 원했어!'라고 느낄 수 있는, 다른 데서는 본 적 없는 상품을 기획할 필요가 있다. 그러므로 타깃고객을 분해하여 그 대상에게 최적화된 상품과 서비스가 무엇인지, 어떻게 홍보해야 할지 생각해야 한다. 반대로 대중화 전략을 노린다면 누구나 '이 가격이면 좋지'라고 생각하는 저가의 상품을 만들어 폭넓게 노출할 필요가 있다.

홍보 채널에 따라 고객을 나눈다

바야흐로 SNS의 시대다. 트위터, 페이스북, 인스타그램

등 다양한 형태의 SNS가 넘쳐흐른다. 그러니 상품이나 서비스를 홍보할 때에는 미디어별로 방향성을 나누는 편이 좋다.

실제로 나는 SNS에 따라 콘텐츠의 방향성을 나눈다. 페이스북의 경우, 수천 명과 교류하고 있으며 그중 다수가 경영자로 일하는 사람들이다. 그래서 이 채널에서는 주로 CEO를 대상으로 한 마케팅 콘텐츠를 올린다. 트위터에서는 대개 스타트업 마케팅 콘텐츠를 언급하고, 인스타그램에서는 스몰 비즈니스에 관한 이미지와 글을 올리거나 다양한 업종에 종사하는 사람들을 대상으로 마케팅 라이브 강좌를 할 때도 있다. 내가 다루는 콘텐츠 주제는 '고객을 소중히 여기자', '매출을 분해해서 생각하자' 등 기본적으로 차이는 없다. 다만 각 채널의 성격과 이용자에 따라 용어의 난이도나 깊이에 차이를 두고 노출한다.

참고로 이 책은 트위터나 인스타그램의 이용자층을 독자로 가정해 집필했다. 책은 100만 원에 팔 수 있는 상품이 아니기 때문에 '소수의 사람에게 인정받는 값비싼 상품'이라는 방향성을 선택할 수 없다. 즉 '다수의 고객이 부담 없이 구입하는 저가의 상품'을 지향할 필요가 있다. 그래서 보다 많은 사람의 흥미를 끌 수 있는 내용을 담으려 노력했다.

방향성을 결정하면 해야 할 일과 계획도 필연적으로 결정된다.

그 상품은
왜 이렇게 잘 팔릴까?

아이디어를 낼 때 보통 자신이 알고 있는 지식에 기반을 두고 생각하게 된다. 그러나 한 사람의 지식에 기대어 아이디어를 내는 방법에는 한계가 있다. 보다 확실하고 좋은 아이디어를 찾는 방법은 실제로 잘 팔리고 있는 것, 즉 성공한 상품이나 서비스를 분해하는 것이다.

A의 사례를 예로 살펴보자. 매출 100억 원을 달성하기 위한 아이디어를 찾으려면 A는 우선 자신이 가진 경험이나 지식에만 집중하기보다 '온라인 판매로 잘나가는 회사는 어떤 곳이 있을까?', '그 회사의 상품은 왜 이렇게 잘 팔릴까?'를 조사해야 한다.

성공한 기업이나 상품, 서비스에는 반드시 잘나가는 이유

작게 나누어
생각하기

가 있다. 그러므로 그 이유를 분해해야 한다. 예를 들어 온라인판매에서 상품이 잘 팔리기 위한 조건으로 다음 세 가지가 있다고 가정하자.

- 웹 사이트 방문자 수가 많다
- 웹 사이트가 상품을 구매하기 쉽게 만들어져 있다
- 상품 자체가 매력적이다

이 세 가지를 축으로 성공한 기업이나 상품을 분해해서 자신의 회사나 상품보다 더 뛰어난 점을 파악한다. 이를 위해 인기 의류 전문 쇼핑몰인 조조타운ZOZOTOWN의 성공 요소를 살펴보고 이를 A의 회사와 비교해보자.

- **조조타운**
①웹 사이트 방문자 수가 많다
  - TV광고로 인지도가 높음
  - 브랜드명이 기억하기 좋음
②웹 사이트가 상품을 구매하기 쉽게 만들어져 있다

- 의상 코디를 제공하는 앱으로 상품의 착용 이미지를 알
  수 있음
- 추천·판매 순위가 있어 원하는 상품을 찾기 편함
③상품 자체가 매력적이다
- 다양한 브랜드를 취급해 상품 라인업이 폭넓음

• A의 회사
①웹 사이트 방문자 수가 많은가?
- 온라인 채널에서만 가끔 광고함

- 브랜드 인지도 낮음
②웹 사이트가 상품을 구매하기 쉽게 만들어져 있는가?
- 상품 단독 이미지만 제공돼 착용 이미지를 알 수 없음

- 직접 검색해야 하므로 원하는 상품을 찾기 어려움
③상품 자체가 매력적인가?
- 자사 제품만 판매되나 라인업이 잘 갖춰져 있고 품질도
  좋음

이런 식으로 정리하면 자신의 회사와 상품, 서비스가 성
공하기 위해 무엇을 해야 할지 더욱 넓은 시야로 살펴볼 수
있다.

작게 나누어
생각하기

잘나가는 회사가 하는 일을 모두 적는다

업계 1위인 회사나 상품에는 잘될 수밖에 없는 이유가 무궁무진하게 많다. 그들의 매출액이 높은 이유가 무엇인지 생각나는 대로 모두 적어본다.

- 결제 수단이 풍부하다
- 리뷰를 보기가 쉽다
- 상품 소개가 친절하고 자세하다
- 상품 이미지를 예쁘게 찍었다
- 상품의 가짓수가 많다
- 세트 판매가 있다
- SNS에 호의적인 평가가 많다
- 구독 서비스가 있다

이를 바탕으로 '고객수에 영향을 주는 것은 무엇일까?', '객단가에 영향을 주는 것은 무엇일까?', '재구매에 영향을 주는 것은 무엇일까?'라는 관점에서 살펴본다. 모두 매출을 일으키는 요소에 크고 작은 영향을 미치고 있다는 것을 알 수 있다.

[그림 3-9] 성공한 기업·상품을 분해한다

매출 100억 원 기업이 하는 일	무엇에 영향을 주는가?
· 결제 수단이 풍부하다	고객수
· 리뷰를 보기가 쉽다	고객수
· 상품 소개가 친절하고 자세하다	고객수
· 상품 이미지를 예쁘게 찍었다	객단가
· 상품의 가짓수가 많다	재구매
· 세트 판매가 있다	객단가
· SNS에 호의적인 평가가 많다	고객수, 재구매
· 구독 서비스가 있다	재구매

지금까지 살펴본 내용을 바탕으로 매출액을 올리기 위해 해야 할 일을 정리해보면 다음과 같다.

- 고객의 이탈을 방지하려면 결제 수단의 다양화가 필요하다
- 단가를 올리려면 예쁜 상품 이미지나 세트 상품도 중요하다
- 고객수를 늘리려면 SNS에 노출되는 고객 추천이 늘어야 한다
- 구독 서비스 제공은 필수다

이때 해야 할 일(과제)의 목록을 작성한 것에서 끝나면 안 된다. 이를 기간으로 분해해 생각하고 구체적인 실행 계획까지 세워야 한다. 예를 들어 A가 자신의 부서 팀원들에게 이렇게 지시할 수 있다.

"이번 분기에는 고객수를 늘리기 위해 웹 사이트의 직관성을 개선하고 결제 수단도 다양하게 확충합시다. 우선 이번 달 20일까지 각자 방문자도 많고 구매가 편리하다고 평가받는 타사 웹 사이트를 정해 특징을 조사해 오세요. 그날 바로 회의를 열어 우리 회사 웹 사이트와 결제 수단의 개선 방침을 결정합시다. 타사에서 제공하는 여러 결제 수단의 장단점에 대해서는 E에게 조사를 맡기겠습니다."

대부분 회의를 할 때 이런 과정 없이 한방에 모든 과제를 해결할 수 있는 아이디어가 나오길 바란다. 심지어 그런 역전 홈런 같은 아이디어는 거의 없다는 것을 알면서도 말이다. 그러나 분해사고를 통해 하나의 명확한 목표를 공유하고 방법을 논의해 나가면 결과는 달라진다. 하나하나가 확실한 안타와 같은 아이디어를 도출해낼 수 있다. 반드시 결과를 내는 방향으로 나아가게 되는 것이다.

다른 기업이나 상품의 정보는
어디서 얻을까?

어떤 기업이나 상품이 왜 성공했는지 그 이유와 방법을 알고 싶은데 어떻게 찾아야 할지 막막하게 느껴지는 사람들이 있다. 요즘은 다양한 매체와 SNS를 통해 수많은 정보가 쏟아지고 있기 때문에 생각보다 정보를 얻는 일이 그리 어렵지 않다. 크게 두 가지 방법을 통해 살펴볼 수 있다.

첫째, 최근 기업들이 인재 채용과 인지도 강화를 목적으로 자사의 성공 요인을 스스로 홍보하거나 매체 인터뷰 등을 통해 노출하는 경우가 많아졌다. 비즈니스 타깃 모델로 삼고 싶은 기업을 인터넷에서 검색해보면 생각보다 상당수의 자료들이 있다는 것을 알 수 있다. 그 자료들을 통해 '이 회사는 이런 것을 중요하게 생각하는구나' 하는 힌트를 얻으면 된다.

둘째, SNS에서 거의 실시간 정보를 얻을 수 있다. 우선 정보를 얻고 싶은 기업이나 상품의 브랜드에서 만든 SNS 계정이 있을 것이다. 가장 빠르게 관련 소식을 게재하고 전달하는 자체 운영 채널이므로 최신 소식과 정보를 들을 수 있다. 또 SNS에 있는 수많은 이용자 중 다양한 산업 현장에서 종사하는 사람들이 있기 때문에 궁금한 기업이나 상품 정보에 대해 물으면 비즈니스 현장의 살아 있는 경험과 지식을 알려준다.

작게 나누어
생각하기

이를 테면 내가 이런 짧은 글을 SNS에 올렸다. 'ㅇㅇ이라는 기업에 관심이 있는데요. 이곳은 대체 어떻게 이런 놀라운 매출을 올리고 있는 걸까요?' 잠시 후 댓글 등으로 '그 회사는 기프팅Gifting 트렌드를 활용해서 성공한 것으로 보이더군요', '상품 개발 방식이 다른 회사와는 다른 것 같습니다' 같은 생생한 정보를 알려주는 사람들이 나타난다. **이렇게 피드백을 주고받는 과정 자체가 하나의 분해사고가 될 수 있다.**

참고로 무작정 '이 기업이 잘나가는 이유 좀 알려주세요'라고 해버리면 기대한 정보를 얻을 수 없거나 아무런 답변도 받지 못할 수도 있다. 자신이 왜 궁금해 하고 관심이 있는지 좀 더 구체적인 설명을 담아서 이런 식으로 글을 올려보자. 'ㅇㅇ이라는 회사, 정말 대단하다! ㅁㅁ 같은 상품을 파는 회사인데 얼마 전 실적이 230퍼센트까지 상승했다고 발표했다. 그 비결은 대체 무엇일까?' 다른 이용자가 보기에도 흥미가 생겨야 보다 많은 사람에게 공유되고 더 많은 정보가 오갈 수 있다.

매출 1위 기업을 분석하면 시장이 보인다

타깃 모델로 삼는 기업을 조사할 때 업계 매출 1위를 기록하는 기업도 반드시 포함해 분해해야 한다. 특히 '고객이 무엇을 원했기에 그 회사(상품)가 1위가 되었는가?'라는 관점에서 분해사고한다.

고객이 구입할 상품을 선택하는 것은 일종의 투표와 같다. 매출 1위 기업은 소비자로부터 가장 많은 표를 받았다고 볼 수 있는 셈이다. 그러므로 이 기업의 성공 요소를 분해하면 소비자가 지지하는 이유를 분해할 수 있으며 궁극적으로 소비자가 그 시장에 무엇을 바라는지 힌트를 얻을 수 있다.

일례로 테슬라의 자동차가 잘 팔리는 이유를 분해한다고 하자. 해당 기업의 정보를 얻고 구매자들의 리뷰를 통해 다각도로 살펴본다. 보통 자동차를 구매하는 고객들의 선호 기준 중 하나가 차체다. 그런데 테슬라의 경우 차체라는 하드웨어보다 운전을 쾌적하면서 안전하게 만들어주는 AI 소프트웨어의 가치가 구매자들로부터 높게 평가받은 것으로 파악됐다. 만약 업계에서 주목하고 있는 테슬라를 분해하지 않은 채매출 상승 전략을 논의를 한다면 소프트웨어라는 요소는 전혀 고려하지 못할 것이다. 뿐만 아니라 기존 선입견에 갇혀디자인이나 가격 문제만 반복적으로 해결 과제로 삼아 불필요한 비용만 계속해서 소모하게 된다.

테슬라는 판매 전략에 있어서도 자동차 업계에서 통상적으로 쓰는 대리점(딜러)에 의존하지 않고 쇼피파이Shopify라

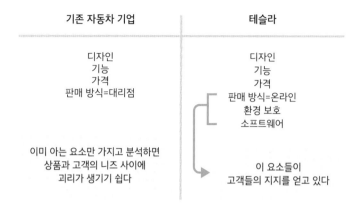

[그림 3-10] 업계에서 잘나가는 기업을 분해한다(예. 테슬라)

기존 자동차 기업	테슬라
디자인 기능 가격 판매 방식=대리점	디자인 기능 가격 판매 방식=온라인 환경 보호 소프트웨어
이미 아는 요소만 가지고 분석하면 상품과 고객의 니즈 사이에 괴리가 생기기 쉽다	이 요소들이 고객들의 지지를 얻고 있다

는 온라인 판매 플랫폼을 이용해 직접 판매를 한다. 판매 과정에서 제조사와 고객을 더 가깝게 연결하고 중간판매자를 쓰지 않음으로써 다양한 판매 전략도 가지게 된 것이다.

　이처럼 비즈니스 모델이 더욱 급속도로 변하는 환경에서 다른 성공한 기업을 분해하고 살펴보지 않는다면 고객의 니즈와는 점점 동떨어진 상품·서비스만 판매하게 될 것이다.

사람들이 상품을 살 때
생각하는 것

　한 번쯤 "고객이 우리 회사(상품)에 무엇을 원하고 있는가?"라는 생각을 해본 적 있을 것이다. 상품을 구매하는 이유나 동기는 사람마다 다양하다. 상품을 판매하는 회사 입장에서는 '상품이 좋으니까', '웹 사이트의 구매 유도 설정이 잘되어 있어서'라고 생각할 수 있다. 사실은 우연히 인터넷 서핑을 하다 눈에 띄어서 구입했을 뿐인지도 모른다.

　실제로 주변에서 간혹 이런 이야기를 할 때가 있다. "인터넷에서 검색해 제일 상단에 있는 업체의 상품을 구매했는데 기대만큼 성능이 좋지 않았어. 또 나중에 알게 된 사실인데 해당 업체가 광고 비용을 들여 가장 처음 자사 상품이 노출되도록 한 것이라는 걸 알고 기분이 좋지 않더군." 이렇듯 고객의 구입 동기는 생각보다 훨씬 단순할 때도 많다.

그럼에도 '사람들이 왜 우리 회사의 상품을 사는가?'라는 고객의 구매 동기에 대해 모호하게 짐작할 뿐 정확하게 파악하고 있지 않으면 상품 개발이나 판매 전략 등에 있어서 역효과만 낳을 수 있다. 예를 들어 방문자 수가 많은 한 생활용품 매장이 있다. 고객들은 감각적인 상품만 엄선되어 있는 점을 높게 평가하는데 매장 직원들은 고객들이 선택의 폭이 더 다양해지는 것을 선호할 거라고 생각해 상품 라인업을 많이 늘리는 데 집중한다. 그 결과 고객들이 이 매장에 원했던 '엄선된 감각적인 상품'들은 줄어들고 전체적으로 매출도 떨어지는 상황이 벌어질 수 있는 것이다.

고객을 파악하고 싶다면 먼저 구매 동기가 무엇인지 분해해야 한다. 여러 다양한 구매 동기 중에 어떤 니즈를 가진 고객을 타깃으로 삼아야 하는지 결정한다. 그 후에 타깃고객이 된 사람들이 보다 편하게 상품을 구매할 수 있는 방법을 고민하고 실행해 제공할 필요가 있다.

고객의 니즈에 더욱 예민해져야 한다

고객들의 구매 동기를 조사한 설문자료나 뉴스, 전문가

분석 등을 살펴보면 대부분 다음의 네 가지로 대표된다.

- 상품이 마음에 들어서
- 쉽게 살 수 있어서
- 포인트가 적립되어서
- 가격이 할인되어서

위의 네 가지 구매 동기를 고려해 타깃고객을 정할 때 기억해야 할 사실이 있다. 포인트 적립이나 가격 할인 때문에 상품을 산 고객은 지속적인 구매자로 기대하기 어렵다는 점이다. 그 혜택들이 없이는 상품을 살 가능성이 매우 적다는 뜻이고, 만약 타사에서 동일한 혜택으로 상품을 판매할 경우 쉽게 이탈할 수 있다.

한편 자사의 충성고객은 구매 동기가 가격 할인에 있지 않다. 그들은 '○○님을 위해 이 상품을 입고했습니다', '필요할 때 언제든 상품을 찾아 안내해드리겠습니다'와 같은 특별한 고객경험에 돈을 쓰고 싶어하는 사람들이기 때문이다.

이제는 가전제품, 의류, 생활용품 등 상품의 기능이나 품질만으로 차별화를 추구하기가 어려운 시대다. 그래서 고객

작게 나누어
생각하기

[그림 3-11] 고객의 구매 동기를 분해한다

고객의 구매 동기를 분해하면…

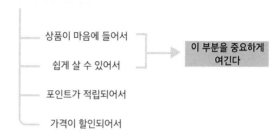

상품이 마음에 들어서

쉽게 살 수 있어서

이 부분을 중요하게 여긴다

포인트가 적립되어서

가격이 할인되어서

들은 상품의 차별화보다 판매하는 기업의 이미지나 철학, 고
객 대응, 고객경험 등에서 가치를 느낀다. 이런 가치 변화에
둔감한 기업은 매출을 올리기 위해 가장 먼저 고객 응대 서
비스에 들어가는 비용을 줄인다. 매출에 직접적인 도움을 주
지 않고 인건비만 많이 들어가는 일이라고 여기기 때문이다.

　고객의 구매 동기를 제대로 파악하지 않고 잘못된 노력을
한 결과 고객에게 외면당하면 아무 노력을 하지 않은 것만
못하게 된다. 고객의 구매 동기를 분해한 다음 자사 상품이나
서비스 자체를 선호하기 때문에 구매해 주는 고객을 어떻게
늘릴지 모색해 나가는 것이 중요하다.

고객을 알면
매출은 저절로 오른다

　마케팅에서 타깃고객을 설정하기 위해 사용하는 방법 중 하나를 소개하겠다. 고객층을 5단계의 피라미드로 분류하는 방법이다. 가장 아래층에 넓게 분포한 '미인지 고객'부터 맨 위 가장 좁은 영역에 위치한 '우량 고객'(충성 고객)까지 다섯 가지로 분류된 고객층의 특성은 다음과 같다.

　• 우량 고객: 자사 상품을 알고 있으며 구매 빈도도 높다
　• 일반 고객: 자사 상품을 알고 있으나 구매 빈도는 낮거나 중
　 간 수준이다
　• 이탈 고객: 자사 상품을 알고 과거에 구매한 경험이 있으나
　 현재는 구매하지 않는다

작게 나누어
생각하기

[그림 3-12] **고객을 분해한다**

우량 고객

일반 고객

이탈 고객

인지·미구매 고객

미인지 고객

- 인지·미구매 고객: 자사 상품을 알고 있으나 구매한 경험이 없다
- 미인지 고객: 자사 상품을 모른다

이 다섯 개 층에 놓인 고객 중에 어떤 사람들을 공략해야 할지 생각한다.

기본적으로 당연히 중요하게 생각되는 고객층은 우량 고객이다. 이 고객층이 구매하기 쉬운 상품이나 시스템을 도입하는 것을 고민해야 한다.

다만 여기서 주의해야 할 점이 있다. 최근 우량 고객에 속한 사람 중 상품을 대량으로 구매해 시장에 되파는 경우가 적지 않다는 사실이다. 예를 들어 나이키는 전 세계적으로 오랫동안 사랑받아온 스포츠 의류 브랜드로 무척 폭넓은 고객층을 확보하고 있다. 특히 한정판으로 출시되는 상품은 눈 깜짝할 사이에 전량 매진을 기록하기 일쑤다. 그런데 이런 상품만 노려서 기술적으로 대량 구매를 하고 시장에 되파는 사람들 때문에 기업 입장에서는 타깃고객 확보와 판매 전략에 혼선이 생기게 된다.

따라서 타깃고객층을 파악할 때에는 각 고객층에 포함된 다양한 요소들을 분해해 살펴볼 필요가 있다. 그래야 정확한 타깃고객이 누구인지 정의할 수 있다. 대체로 우량 고객을 타깃고객으로 삼게 되겠지만 한쪽에만 집중할 것이 아니라 일반 고객이나 인지·미구매 고객을 우량 고객으로 전환하는 노력도 필요하다.

100억짜리 광고 상품을 팔 수 있었던 이유

고객을 분해해서 생각하는 것은 목표 매출을 달성하는 데도 효과가 있다.

이 사실을 잘 보여줄 내가 실제 경험한 일을 들려주겠다. 과거 운영하던 회사의 규모가 갑자기 커진 시기가 있었다. 그 전까지 수십억 원이었던 매출액을 수천억 원까지 성장시켜

작게 나누어
생각하기

야 하는 상황에 놓이게 된 것이다. 상식적으로 생각했을 때 당연히 불가능해 보이는 일이었고 이렇다 할 아이디어도 떠오르지 않았다.

내가 할 수 있는 거라곤 상황을 분해사고하는 것이었다. 먼저 '현재 회사 매출을 어디에서 어떻게 만들어내고 있는가?'를 작게 나누어 생각해봤다. 약 40개 기업의 홍보담당자를 상대로 각각 한 달에 1,000만 원의 광고비 매출을 올렸고 그 매출액이 1년에 약 50억 원(1,000만 원×40개 기업×12개월)인 상태였다.

이 방식으로 1,000억 원 이상의 매출을 만들어내려면 1,000개의 기업으로부터 주문을 따내야 했다. 직원이 전보다 늘어나기는 했으나 20개 기업에 제안했을 때 1건이 성사된다고 가정하면 2만 개의 제안을 해야 한다는 계산이 나왔다. 결국 광고 건수를 늘리기보다 단가를 높일 필요가 있었다.

법인 대상 영업에서 광고 단가를 높여 제안해야 할 경우 해당 기업의 담당자를 바꿔야 했다. 1,000만 원짜리 광고를 진행할 때는 실무자들 선에서 결재가 가능했지만 1억 원짜리 광고는 임원급에 제안해야 했다. 그런데 높은 단가도 문제였지만 그 금액을 쓰려면 광고를 회사 한 곳에 몰아서 진행해야 하는 것을 대부분 탐탁치 않아 했다. 한번은 10억 원짜리 광고 상품을 제안하기 위해 한 회사의 CMO(최고마케팅책임자)를 만났다. 당시 그가 "TV광고에 들어가는 비용이 10억 원인데 차라리 TV광고를 만들지 왜 온라인광고에 그 돈을 써야 합니까?"라고 되물었을 때 달리 대답하지 못하고 미팅을 끝낸 기억도 있다.

그럼에도 광고 단가를 높인다는 선택지를 버릴 수 없었다. 매출을 수천억 원으로 키울 방법은 오직 가격 인상뿐이었기 때문에 나는 '그렇다면 아예 100억 원짜리 광고 상품을 제안하는 건 어떨까?'라고 생각했다. 왜 100억 원이었을까?

1억 원, 10억 원짜리 광고 상품이 안 팔리면 가격을 2억 원이나 20억 원으로 조정해보는 방법도 있었지만 어차피 만나야 할 영업하는 대상이 동일했다. 당연히 결과도 달라지지 않을 게 뻔했다. 그래서 과감하게 그보다 더 상부에 위치한 경영자에게 직접 제안해 보자고 생각한 것이다.

그리고 경영자들을 만나서 이렇게 말했다.

"귀사는 온라인광고를 제대로 하고 있습니까?"

"여러 대행사에 맡겨 버리면 자사에 데이터가 쌓이지 않을 뿐 아니라 노하우도 얻지 못합니다. 광고 데이터를 귀사가 보유하기 위해서는 발주를 일원화해야 합니다."

홍보부 임원이나 CMO에게 같은 제안을 했을 때는 별다른 효과가 없었는데 실제로 경영자에게 효과적임을 알게 되었다. 결과적으로 1,000만 원짜리 광고를 팔 때 5퍼센트였던 수주율이 100억 원짜리 광고를 팔면서 30퍼센트로 상승했고, 덕분에 1,000억 원이라는 목표 매출액도 무사히 달성할 수 있었다.

이처럼 목표 매출을 달성하기 위해서는 고객을 분해하고 적절한 판매 전략을 세우는 것이 필요하다.

잘되는 조직과 아닌 조직의 차이는 무엇일까?

A의 팀은 현재 목표 매출액 100억 원에서 10퍼센트가 모자란 문제 상황을 안고 있다. 지금까지 이를 해결하기 위해 A와 그의 팀이 무엇을 해야 할지 살펴봤다. 그런데 또 하나 중요한 것이 있다. 바로 '왜 목표를 달성하지 못하는가?'라는 문제의 원인을 분해하는 일이다.

문제의 원인을 분해하는 일은 대개 조직 차원의 문제를 찾아내는 것과 같다. 이를테면 '단기적인 방안을 즉흥적으로 실행하는 경향이 있다', '눈앞의 데이터에만 집착한다' 같은 조직의 사고방식 문제다. 이런 문제를 찾아내서 반드시 해결해야 한다.

목표를 달성하는 기업을 살펴보면 조직이 바람직한 상태

에서 일한다. 조직이 올바르게 기능하면 목표 달성을 저해하는 문제가 거의 일어나지 않는다. 반대로 바람직한 상태에서 일하고 있지 않기 때문에 목표를 달성하지 못하는 것이며 시행착오를 거듭 겪는다. 그러므로 조직 차원의 문제를 분해하는 것도 목표 달성을 위한 중요한 과정이다.

문제의 원인을 분해할 때는 목표를 달성한 기업이나 팀을 대상으로 자신이 속한 조직을 비교하는 방법이 효과적이다. 잘되는 조직에서 무엇을 어떻게 하는지 분해하면 목표를 달성하기 위해 해야 할 과제가 무엇인지 드러난다.

예를 들어 항상 목표를 달성하는 팀의 특징을 분해하여 다음의 요소를 발견했다고 가정하자.

> - 최초의 전략이 명확하다
> - 팀원 간 관계가 좋다
> - 새로운 아이디어에 도전적이다

이 요소들과 비교해 자신이 속한 팀의 현재 상태를 살펴보면 목표를 달성하기에 무엇이 부족한지 깨닫게 된다(그림 3-13 참고).

[그림 3-13] **목표를 달성하는 팀을 분해한다**

항상 목표를 달성하는 팀	내가 속한 팀
· 최초의 전략이 명확하다 · 팀원 간 관계가 좋다 · 새로운 아이디어에 도전적이다	· 해야 할 일을 연례행사처럼 매년 반복한다 · 새로운 아이디어보다 기존의 전략을 답습한다

　회사 단위로 비교할 때도 마찬가지다. 목표를 성공적으로 달성하는 기업을 분해해 살펴보니 '우리 회사는 마케팅과 영업이 제대로 기능하고 있지 않다', '상품개발부가 고객의 의견을 전혀 반영하지 않는다' 등의 문제가 파악될 수 있다.

　이러한 문제를 직접적으로 타 부서에 해결해야 할 문제가 있다거나 회사의 내부 조직 중 제대로 기능하지 못한다는 식으로 의견을 내세우면 커다란 반발로 돌아올 것이다. 문제의 원인만 지적하기보다 목표를 달성하기 위해 해야 할 과제가 무엇인지를 제시할 수 있다면 조직이 올바르게 나아갈 수 있도록 설득할 힘이 되어 줄 것이다.

대화를 잘하려면
2가지를 기억하라

　이번에는 일할 때 고민이 가장 많은 부분 중 하나인 소통에 관해 이야기하겠다. 사람들은 소통할 때 보통 자신의 관점을 중심에 놓고 생각하는 경향이 있다. 만약 상대방이 의견을 내세우면 일단 자신의 의견은 부정당했다고 여긴다. 논의를 이성적으로 주고받지 못하고 금방 과열되는 사람, 시종일관 의견 충돌만 거듭하는 사람은 '상대방의 입장에서 보는 나'라는 관점을 결정적으로 인식하지 못한다.

　반면 소통을 잘하는 사람은 상대방의 입장에서 자신을 바라볼 줄 안다. 대화 상대가 나의 의견에 대해 어떻게 생각하는지를 고려하며 전달하고 싶은 의견을 주장한다. "당신은 이렇게 생각하고 있지요? 그 점은 분명히 공감합니다. 하지만 이런 식으로 생각해 보는 것은 어떨까요?" 즉 다른 사람의 관점을 생각하는 사람은 우선 상대방의 의견을 존중한다. 이로써 의견 충돌을 능숙하게 피하는 것이다.

소통이 원활하지 않은 예와 원활한 예를 각각 나누어 살펴보자.

- **소통이 원활하지 않은 예**

  상대: 이 방법은 잘될 것 같지 않습니다.

  나: 무엇이 안 좋다는 말입니까?

- **소통이 원활한 예**

  상대: 이 방법은 잘될 것 같지 않습니다.

  나: (저번에 성공했던 방법인데 왜 그러지? 무언가 다르게 생각하는 부분이 있는 걸까?) 어떤 면에서 그렇게 생각하세요?

  상대: 지난 번에는 유명 인플루언서가 우연히 제품을 추천해준 덕분에 잘됐지만 방법 자체가 판매에 성공적인 영향을 줬다고 보기는 어려워서요.

작게 나누어
생각하기

이런 식으로 대화하면 상대방의 생각을 이해한 상태에서 논의를 진행할 수 있다.

중요한 것은 자신과 상대의 관점을 나누어 생각하고 양쪽 모두의 입장에서 생각하는 것이다.

'나와 상대방은 다른 의견을 갖고 있다. 서로 의견이 다르므로 먼저 상대방의 생각을 이해하지 않으면 내 의견을 받아들이게 할 수 없다.' 이와 같은 대화의 본질로 돌아가서 먼저 상대를 이해하고 상대의 관점에서 바라본 다음 자신의 의견을 주장해 나가는 순간 소통이 원활해진다. 또 말하고 싶은 주장도 훨씬 더 잘 받아들여진다.

이는 직장이나 인간관계에서는 물론이고 특히 고객과 소통할 때도 마찬가지다. 우리 회사의 상품(서비스)을 선택했을 때 얻을 수 있는 이점을 회사의 관점에서만 설명하면 고객은 흥미를 느끼지 않는다. 먼저 고객이 이 상품에 무엇을 원하는지 제대로 파악해야 한다. 그 다음 고객이 원하는 바에 맞춰 우리 회사의 상품을 골랐을 때의 이점을 어필한다.

사실과 추측을 확실히 나눈다

"무슨 말을 하는 건지 이해가 잘 안되는데?" 이런 말을 자주 듣는 사람을 보면 대부분 사실과 자신의 추측(의견)을 혼동하는 경향이 있다. **사실과 추측을 확실히 나누어 생각한 후 이야기하는 것이 중요하다.**

이를테면 개인적인 추측을 근거로 "TV의 시대는 이제 끝난 것 같으니 TV 채널을 이용한 홍보에서 손을 뗍시다."라는 의견을 말했다고 가정하자. 이런 경우에는 TV 시청률 등의 객관적인 데이터를 모은 다음 사실을 기반으로 주장하는 것이 중요하다. 그래야 상대방이 듣는 순간 정확히 이해하고 납득할 수 있다.

- 추측: TV의 시대는 이제 끝난 것 같으니 TV 채널을 이용한 홍보에서 손을 뗍시다.
- 사실: 최근 매체 연구·조사 기관에서 발표한 자료를 보면 온라인 광고의 성장률이 매우 두드러집니다. 그에 따라 TV 광고의 영향력이 감소세를 보이고 있으니 TV 채널을 이용한 홍보에서 손을 뗍시다.

작게 나누어
생각하기

서비스와 비즈니스 모델을 나누어 생각하라

　매출을 늘리거나 성과를 내기 위해서는 서비스 모델과 비즈니스 모델을 나누는 일도 중요하다.

　서비스 모델이란 고객에게 서비스를 제공하는 방식으로, 이는 고객과의 약속을 기반으로 성립한다. 앞서 내가 스마트뉴스에 입사했을 때 회사 측에 "(서비스) 이용자를 늘려주십시오."라고 요청했던 일화를 소개했다. 당시 회사의 서비스 모델은 '정보량을 늘리거나 정보를 보기 편하도록 웹 페이지를 개선하여 이용자의 사용 편의성을 향상시켜 이용자 수나 1인당 이용 시간을 늘리는 것'이었다.

　한편 이용자 수가 늘어나고 이용 시간도 증가하면 판매할 수 있는 웹 사이트 광고의 재고도 늘어난다. 스마트뉴스의 비즈니스 모델은 웹 사이트 광고를 효과적으로 판매해 매출을 내는 것이었다.

서비스 모델과 비즈니스 모델은 회사의 매출을 지탱하는 두 개의 수레바퀴로 모두 매우 중요하다.

만약 광고 영업팀이 이용자의 사용 편의성을 고려하지 않고 광고로 이익을 올리는 웹 미디어의 비즈니스 모델만을 중시해 광고의 양을 갑자기 2배로 늘리면 어떻게 될까? 이용자들은 '광고로 도배가 되어서 도무지 보기가 불편하네'라고 느끼며 점차 이용 시간을 줄이거나 이탈하게 될 것이다. 이용자가 줄면 매출이 감소한다. 그래서 감소한 매출을 채우고자 광고수를 더 늘리면 남은 이용자마저 이탈한다.

비즈니스 모델 전략을 우선시한 탓에 서비스 모델이 악화되는 것이다.

좋은 비즈니스 모델은 좋은 서비스 모델을 통해 이용자를 늘리고 이용자에게 심리적 부담을 주지 않는 범위에서 광고를 노출하는 것이다. "이용자 수가 증가하고 있으므로 많은 사람에게 광고를 보여줄 수 있습니다."라고 말하면서 광고 판매를 늘려 나가는 전개야말로 바람직한 비즈니스 모델이라고 할 수 있다.

사실 서비스 모델과 비즈니스 모델을 나눠서 생각하는 사람은 경영자를 제외하면 거의 없다. 하지만 서비스 모델과 비

[그림 3-14] 서비스 모델과 비즈니스 모델을 분해한다

서비스 모델

정보량을 늘리거나 정보를 보기 편하도록 웹 페이지를 개선해 이용자의 사용 편의성을 향상시킨다. 이용자 수나 1인당 이용 시간을 늘린다.

비즈니스 모델

이용자 수가 늘어나고 이용 시간도 증가하면 판매 가능한 광고의 재고도 늘어난다. 효과적으로 광고를 판매한다.

매출만 올리려는 의도로 광고를 과하게 노출하면 사용 편의성을 악화시켜 이용자 수를 감소시킨다. 결국 근본적인 비즈니스 모델이 성립하지 않게 된다.

즈니스 모델이 동시에 올바르게 기능해야 매출이 올라가므로 그 중요성을 조직의 구성원도 인식하며 일해야 한다.

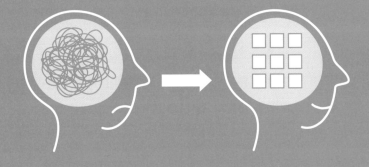

제4장

인생의 목표도 작게 나눌수록

실현 가능성이 커진다

내가 진짜 이루고 싶은
목표는 무엇일까?

대부분의 사람이 스스로 원하고, 이루고 싶은 자신의 이 상적인 모습이 무엇인지 모르는 경우가 많다. 대체로 막연하 게 생각할 뿐 자신이 진짜 이루고자 하는 모습을 그리지 못 한다. 이때 적용해볼 수 있는 분해사고 방법을 알아보자.

하고 싶은 일, 닮고 싶은 롤모델을 생각한다

인생의 진짜 목표를 발견하고 이를 실현하는 방법을 찾기 위해 앞에서 살펴본 분해사고 플로차트를 활용해보자. 총 다 섯 가지 단계로 분해사고할 수 있다(그림 4-1 참고).

먼저 ①, ②단계부터 차근차근 생각해보자.

①하고 싶은 일, 이상적인 목표가 있는가?
②닮고 싶은 롤모델을 꼽는다

현재 자신의 삶에 만족하지 못한 채 잘되는 것만 같은 다른 사람들을 보며 부러워하고 고민하는 사람이 적지 않다. 자기긍정감도 낮고, "나는 할 수 없을 거야.", "무엇을 하고 싶은지 모르겠어."라는 말을 입버릇처럼 한다. 이처럼 인생의 목표가 딱히 없거나 막연하고 애매모호하게 생각하고 있는 경우부터 살펴보겠다.

하고 싶은 일을 물을 때 "세계일주를 떠나보고 싶다." 같은 단기적인 목표나 "인플루언서가 되고 싶다."라는 막연한 목표를 대답하는 사람들이 있다. 이루고 싶은 이상적인 목표가 매우 모호한 상태인 것이다.

이때 닮고 싶은 롤모델을 떠올려보는 것이 좋다. 여러 명을 생각해도 상관 없다. 이상적인 인물로 생각되는 사람이나 평소 동경하는 사람, 저명한 인물, 주변에 있는 지인 등 곰곰이 생각해본다. 롤모델이라고 생각되는 사람을 꼽은 다음 닮고 싶은 이유를 하나하나 분해하고 자신이 직접 실천해보고 싶은 것을 따라 하면 반드시 원하는 모습에 가까워질 수 있다.

작게 나누어
생각하기

[그림 4-1] 분해사고 플로차트(인생 목표 실현하기 편)

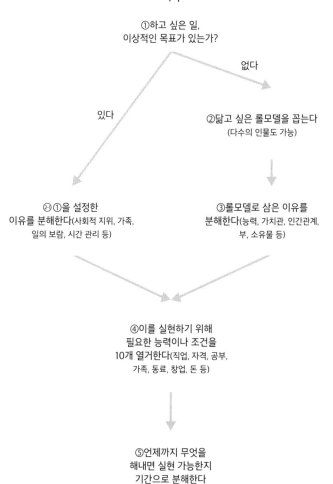

꼭 한 명씩 구분해 적을 필요는 없다. 세 명이든, 다섯 명이든 머릿속에 떠오르는 사람들의 닮고 싶은 모습을 분해해서 종이에 모두 적다보면 공통점이 발견될 수도 있다.

하고 싶은 일이나 롤모델이 구체적으로 떠오르지 않는다면 스스로 이렇게 질문해보자.

'어떻게 하면 더 많은 칭찬을 들을 수 있을까?'

실제로 나는 클라이언트인 경영자들에게 "무엇을 하면 당신이 많은 칭찬을 듣게 된다고 생각하십니까? 그 모습을 구체적으로 말해보시겠어요."라고 물을 때가 있다. 경영자들의 답은 다양하다. "매출액을 ○○퍼센트 이상 끌어올려서 주주들에게 칭찬을 받는다.", "가족과 보내는 시간을 우선시해서 가족에게 칭찬받는다.", "야근을 줄여서 직원들에게 칭찬을 받는다." 이러한 답에서 나온 이미지가 회사 또는 자신의 이상적인 모습이다. 이를 분명하게 정의한 다음 "필요한 자원은 이 정도겠네요.", "비용은 이만큼 들어가겠군요.", "○개월 후에는 실현할 수 있겠네요."라는 식으로 자원이나 조건, 비용, 기간 등 요소를 분해해 나가면 집중해서 달성하기가 쉬워진다.

이러한 방법은 업무에서나 팀 단위에서도 목표를 고민할 때 적용할 수 있는 방법이다.

이 과정이 무엇보다 중요한 이유는 자신이 이상적인 모습으로 생각하는 바가 무엇인지 알면 무엇을 추구하고 의식하

고 있는지 훨씬 더 명확해진다. 이를테면 롤모델로 꼽은 사람
이 주로 직장 선배나 상사, 경영자, 동종 업계에서 성공한 인
물이라면 '이런 일을 하고 싶다', '이런 자리에 오르고 싶다',
'이렇게 성공하고 싶다' 등 일에서 이루고 싶은 목표에 관심
이 높고 일과 관련된 목표가 필요한 상태임을 알 수 있다. 자
신이 이루고 싶은 목표에 대해 보다 뚜렷한 방향성을 잡을
수 있는 것이다.

롤모델을 분해하면
나만의 목표가 분명해진다

롤모델로 여기는 사람을 꼽은 후에는 그 사람을 떠올리며
어떤 점에서 이상적이라고 생각했는지 분해한다.

예를 들어 이런 느낌으로 나열하면 된다.

- 자신의 철학을 실현한 회사를 창업하고 경영하는 것이
  대단하다고 생각해서
- 자신의 시간을 소중히 여기면서도 다양한 사람과 관계를
  맺고 활약하는 점에 매력을 느껴서

- 본업뿐 아니라 다른 분야에서도 활약하고 있어서
- 일상적으로 유명인들과 협업하는 일을 하고 있어서
- 외국에서 일하고 언론의 관심도 받으면서 자유롭게 일하는 모습이 멋져 보여서

이상적인 요소가 잘 떠오르지 않는다면 다음을 기준으로 생각하면 도움이 될 것이다.

- 일
- 능력
- 인간관계
- 가치관
- 부
- 소유물

이를테면 경영자로서 뛰어난 수완을 가진 점을 존경하는지, 매일 자신이 하고 싶은 일에 자유롭게 도전하는 모습을 동경하는지, 막대한 부를 이룬 것을 대단하다고 생각하는지 등 롤모델로 꼽은 사람의 어떤 부분이 이상적인지를 명확히 한다.

작게 나누어
생각하기

[그림 4-2] 롤모델로 삼은 이유를 분해한다

롤모델을 이상적으로 생각하는 이유를 분해한다
(일, 능력, 인간관계, 가치관, 부, 소유물 등)

이상향

인간관계　　　　　　　　　　능력

시간 관리　　　　　　　　　　부

성품　　　　　　　　　　소유물

'왜 이상적이라고 생각하는가?'를 분해하는 것이 중요하다

이 과정을 거치면 'ㅁㅁㅁ처럼 되고 싶다'고 생각했지만 자신이 이상적인 모습으로 여긴 것은 그 사람의 소통 능력뿐이며 그 외에 다른 요소는 없다는 사실을 깨달을 수 있다. 그러면 그 사람의 소통 능력을 집중적으로 살피고 배우고 익혀서 자신의 능력으로 만드는 데 집중하면 되는 것이다.

롤모델이 가진 이상적인 요소를 분해하고 필요한 조건이 무엇인지 구체적으로 파악해야 자신이 해야 할 과제를 발견하고 실천할 수 있다.

이를테면 다음과 같다.

- '40대에 눈부신 활약을 했다' → 40대라는 나이에 성과를 더 많이 내기 위해서는 무엇이 필요할까?
- '타 업계의 사람들과 친분이 두터워서 업계를 넘나들며 일한다' → 내가 속한 분야를 뛰어넘어 네트워크를 쌓고 다른 일에도 도전할 수 있는 방법은 무엇이 있을까?
- '패션센스가 뛰어나 겉모습만으로 존재감이 있다' → 자기관리를 어떻게 하면 잘할 수 있을까?

이렇게 롤모델이라 생각한 이유를 구체적으로 분해사고하여 실현 가능한 목표만 찾아내면 누구나 첫발을 내디딜 수 있다.

좀 더 구체적인 사례를 통해 살펴보자. "인플루언서가 되고 싶다."라고 말하는 사람은 대부분 두 가지 유형으로 나뉜다. 사람들 앞에 나서고 싶어 하거나 나서기 싫어하거나. 후자의 유형인 사람에게 왜 인플루언서가 되고 싶은지 물으면 "나를 내세우고 싶어서가 아니라 영향력을 가지고 누군가를 도울 수 있기 때문"이라고 답하는 사람도 있다. 이 경우 목적이 다르기 때문에 자신의 사생활을 중시한다.

목표가 같아도 자신이 무엇을 추구하는지 방향성을 정확

작게 나누어
생각하기

[그림 4-3] 목표의 방향성을 정확하게 분해한다

일

나를 알리고 싶다 ———————————— 남을 돕고 싶다

사생활

히 파악하기 위해 분해사고가 필요하다. 사분면을 활용해 자신이 속한 영역을 시각적으로 확인해보는 것이 좋다. '일-사생활', '나를 알리고 싶다-남을 돕고 싶다'를 두 개의 축으로 나누어 생각한다.

나의 경우에는 일과 사생활 중에서 일에, 나를 알리는 것과 남을 돕는 것에서는 남에게 도움이 될 수 있는 방향에 관심이 있다. 업무상 많은 사람 앞에서 발표나 강의를 해야 할 때도 있지만 기본적으로 내가 돋보이는 것보다 다른 사람들을 성장시키거나 업무적인 성과를 내도록 돕는 데 보람을 느낀다. 이 책을 쓰게 된 것도 베스트셀러 작가가 되고 싶다는 생각보다 사람들이 분해사고를 통해 인생이 달라지기를 바라는 마음에서 하게 됐다. 내가 인생의 목표를 잡는 방향은 '일'을 통해서 '남을 도울 수 있는 것'이 이상적인 셈이다.

이처럼 사분면으로 두 개의 축을 정해 분해하기만 해도 자신이 원하는 이상적인 목표의 방향성을 발견하기 쉬워진다.

목표를 이루는 데 필요한 능력과
조건을 파악한다

자신의 이상적인 목표나 롤모델을 분명하게 정했다면 이제 이를 실현하기 위해 무엇이 필요한지 분해사고한다. 즉 어떤 능력과 조건이 필요한지 10개 정도 열거해보는 것이다. 만약 자유롭게 일하고 싶다면 다니는 회사를 그만두거나 유연한 근무 환경을 갖춘 회사로 이직하는 것이 조건이 될 수 있다.

목표에 도달하기 위해서는 이를 성공적으로 이룬 사람이 무엇을 하는지 아는 것도 중요하다. 단순히 능력이 뛰어나고 남들보다 열심히 일해서 성취해낸 거라고 여기는 경향이 있다. 그러나 깊이 들여다보면 성공한 사람들은 성과를 내는 방법을 찾아낸 경우가 많다. 이를테면 회사에서 팀원당 매출을 120퍼센트로 높인다는 목표를 설정했을 때 같은 회사에 실제 목표를 달성한 경험자의 이야기를 들어보는 것도 하나의 방법이다. "보통 광고 단가 800만 원 정도의 계약을 여러 건

따내는 것이 중요하다고 생각하지만 우리 회사 시스템에서는 5,000만 원짜리를 진행하는 편이 훨씬 적절하더군요." 이처럼 전혀 생각해보지 못했던 방법을 알게 될 수 있다.

만약 노력해도 생각처럼 일이 잘 풀리지 않는다면 그 노력이 '내가 생각했을 때' 적정한 수준에 머물러 있을 가능성도 있다. 발상을 바꾸기 위해서라도 목표를 달성하는 데 성공한 사람이 어떻게 이뤄냈는지 살펴보고 지금 자신에게 부족한 요소를 메워 나가도록 하자. 필요한 현실적인 조건들을 하나하나 실행해 나가면 목표를 달성하기가 수월해진다.

언제까지 무엇을 해내면 실현 가능한지 계획한다

이제 마지막으로 목표를 이루기 위한 과정을 시간으로 분해하자. 언제까지 무엇을 해내면 실현 가능한 상태가 되는지 계획을 세운다.

만약 회사를 그만두고 자유롭게 일하겠다는 목표를 잡았다면 한 달 내에 회사를 그만두고 즉시 창업해서 1년 후에 성공 궤도에 올리겠다는 계획을 세울 수 있다. 혹은 회사를 당장 그만두는 것은 위험 부담이 있으니 일단은 부업으로 진행

[그림 4-4] 목표에 도달하는 과정을 시간으로 분해한다

언제까지 무엇을 해내면 실현 가능한 상태가 되는지 시간으로 분해한다

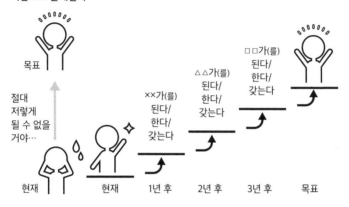

무엇부터 해야 할지 생각해서 기간으로 분해한다

하면서 회사를 그만둔 후에도 일을 맡을 수 있는 환경을 만든 다음 반년 뒤에 회사를 떠난다는 생각을 하는 사람도 있을 것이다.

자기 나름대로 이상적인 목표를 이룰 수 있는 상황에 보다 더 가까워질 계획을 궁리하는 것이 중요하다.

분해할수록 목표는 더욱 선명해진다

인생의 목표를 고민할 때 아직도 "멋진 사람이 되고 싶어.", "자유롭게 살고 싶어."라고 모호하게 떠오르는가? 자신이 원하는 이상적인 상태가 무엇인지 불명확하다면 여행을 예로 들어 발상을 전환해보자. 여행을 떠나려고 할 때 무작정 '힐링을 하고 싶다'라는 모호한 이미지만 있으면 원하는 여행지를 찾아내기가 어렵다. 인터넷에 '힐링', '여행지' 등을 검색해 찾아본들 자신이 진짜 원하는 곳을 찾을 가능성은 매우 낮다. 예산이나 동행자, 교통수단 등 다양한 요소를 고려해야 하기 때문이다.

그래서 최근에는 원하는 구체적인 조건에 따라 맞춤형 여행지를 찾아 추천해주는 여행 앱이 많다. 여행의 목적부터 도시와 지방 중 원하는 유형의 지역은 무엇인지 등 대표적인 분해사고의 예라고 할 수 있다. 힐링을 목적으로 여행지를 분해해 나가다보면 '열대 휴양지의 리조트에 머물며 열대음료도 마시고 아무 생각 없이 쉬는 시간을 갖고 싶다', '미국 뉴욕에 가서 뉴요커의 일상을 체험하는 것이 힐링이 될 것 같다', '국내 저명한 호텔에서 고급 마사지를 받으며 심신을 회복하고 싶다' 등 다양한 목표가 있다는 사실을 알게 된다.

다시 말해 힐링하고 싶다는 마음을 분해해서 최고의 여행

[그림 4-5] 목표를 실현하기 위해 쓰면서 생각할 것들

이상적인 목표나 롤모델을 꼽는다	여럿을 써도 된다. 머릿속에 떠오르는 것을 모두 적어보자.
목표나 롤모델로 꼽은 이유를 분해한다	해당 목표나 롤모델을 꼽은 요소들을 생각해보자(능력, 가치관, 인간관계, 사회적 지위, 부 등)
이를 실현하기 위해 필요한 능력이나 조건을 열거한다	어떻게 해야 목표, 롤모델에 가까워질 수 있을까? 필요한 것을 10개 적어본다(직업, 자격, 공부, 가족, 동료, 창업, 돈 등)
언제까지 무엇을 해내면 실현 가능한지 과정을 분해한다	무엇부터 해야 할지 생각하며 기간으로 분해해 계획을 세워보자

지를 찾아내듯 '멋진 사람이 되고 싶어', '자유롭게 살고 싶어'
라는 마음을 분해해서 정말로 하고 싶은 일, 이루고 싶은 목
표가 무엇인지 찾아내면 되는 것이다. 이를 위해 분해사고 플
로차트에서 살펴봤던 질문들에 대해 자신의 생각을 차근차
근 직접 쓰면서 생각해보도록 하자.

작게 나누어
생각하기

원하는 것을 이루는
구체적인 방법 A to Z

이번에는 이상적인 목표가 분명하게 있는 경우(189페이지의 분해사고 플로차트에서 ①단계 질문에 '있다'를 답한 경우) 이를 어떻게 달성하는지 구체적인 방법을 살펴보자. 쉬운 이해를 돕기 위해 한 가지 사례를 통해 설명하겠다. 현재 직장인이지만 취미인 일러스트로 돈을 버는 것이 목표인 사람의 예다.

목표를 꼭 이루고 싶은 이유를 정의한다

'일러스트 작가가 되고 싶다'라고 하면 목표가 쉽게 이해되지만 '일러스트로 돈을 번다'는 목표는 조금 모호한 측면

이 있다. 전문 일러스트 작가든 취미로 일러스트를 그려 돈을 버는 사람이든 '돈을 번다'는 의미에서는 목표가 같은 것이나 다름없기 때문이다.

일러스트로 돈을 번다는 목표를 분해하면 '일러스트만으로 먹고사는 삶을 산다'와 '본업은 유지하며 일러스트를 그리는 일을 부업으로 돈을 번다'라는 방향으로 각각 나눌 수 있다. 이중에 어느 쪽인가를 명확히 하는 것이 우선 과제다.

이를 생각한 다음 그 목표를 꼭 이루고 싶은 이유를 분해하니 다음과 같은 요소가 나왔다고 가정하자.

- 능력을 인정받고 싶다
- 사람들에게 도움이 되고 싶다
- 좋아하는 일을 하고 싶다
- 독립해서 일하고 싶다

그중에서도 '독립해서 일하고 싶다'라는 마음이 강할 경우 일러스트만으로 먹고사는 삶을 사는 것을 목표로 삼을 수 있다.

작게 나누어
생각하기

목표를 이루기 위해 필요한
10가지를 생각한다

일러스트로 돈을 벌기 위해 필요한 능력이나 조건을 생각
해본다.

- 일러스트를 그리는 실력을 키운다
- 자신이 어떤 분야의 일러스트를 잘 그리는지 파악한다
- 일러스트 작업과 관련된 소프트웨어에 능수능란해진다
- 일러스트 작품의 구매자를 찾는다

이중에 우선순위가 높은 과제는 전문가 수준의 일러스트
를 그리기 위한 실력 향상이다. 다른 조건 요소에 비해 소요
되는 시간이 가장 길 것으로 예상되기 때문이다. 실력 향상을
도모하기 위해 현재 일상에서 일러스트를 그리는 시간을 더
많이 확보할 필요가 있다.

물론 본업을 소홀히 하게 되거나 시간을 마련하지 못하는
문제 상황이 생길 수 있다. 하지만 자신이 진짜 이루고 싶은
목표라고 생각한다면 현실적인 방안을 찾아야 한다. '일을 효

율적으로 처리할 수 있는 방법을 찾아보고 실행해서 업무의 질을 높인다', '지금의 회사보다 시간적으로 더 여유가 있는 곳을 찾아본다', '목표를 이루는 계획을 좀 더 장기적으로 세워서 준비한다' 같은 방향을 모색해봐야 할 것이다.

어떤 행동을 해야 할지 보일 때까지 분해한다

목표 실현에 필요한 조건을 모호하게 생각하면 앞으로 해야 할 과제를 알기 어려워진다. 그러므로 구체적인 할 일이 보일 때까지 분해해야 한다. 이를테면 '일러스트 작품의 구매자를 찾는다'를 분해하면 개인을 대상으로 판매하는 방법이 있고, 기업이나 관공서 등으로부터 광고 작업을 수주하는 방법도 있다.

개인에게 판매한다면 인스타그램이나 개인 웹 사이트에 일러스트를 꾸준히 업로드해서 수익화가 가능한 수준까지 팔로워를 늘리는 방법을 생각할 수 있다. 광고 일러스트를 그린다면 이미지 크라우드소싱 업체에 등록하거나 초반에는 광고 프로젝트를 서칭해 직접 작업을 따내는 것도 하나의 방법이다.

또한 '작품을 판다'의 반대 요소를 생각하면 '기술을 판

[그림 4-6] 해야 할 과제를 사분면을 활용해 분해한다

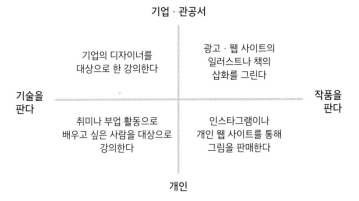

기업 · 관공서

기업의 디자이너를
대상으로 한 강의한다

광고 · 웹 사이트의
일러스트나 책의
삽화를 그린다

기술을
판다

작품을
판다

취미나 부업 활동으로
배우고 싶은 사람을 대상으로
강의한다

인스타그램이나
개인 웹 사이트를 통해
그림을 판매한다

개인

다'(일러스트를 그리는 법을 가르친다)라는 방향도 생각해볼 수
있다. 이모티콘이나 상품 디자인 등에 활용하는 일러스트 작
업을 어떻게 하는지 혹은 취미로 일러스트를 배우고 싶은 사
람들을 대상으로 기초 강의를 만들어 수입화할 수 있다.

다양한 방법 가운데 무엇을 할지 결정할 때는 축을 만들
어 사분면을 활용해 생각하면 도움이 된다. '개인-기업·관공
서', '작품을 판다-기술을 판다' 이렇게 두 개의 축을 두고 생
각해보는 것이다(그림 4-6 참고). 각 사분면에 해당하는 과제
를 훨씬 더 구체적으로 생각할 수 있다. 예를 들어 일러스트
작품을 더 많은 사람에게 알리고 싶으므로 기업과 협업하여
광고 일러스트를 작업한다거나 작품 판매만으로는 수입이

부족하니 이력을 쌓는 대로 강의 활동도 병행한다는 식으로 구상하게 된다. 더 장기적으로는 이 목표를 실현했을 때 자신의 본업으로 전환할 것이냐, 부업으로 유지할 것이냐도 고민해볼 수 있다.

또 다른 필요 조건도 살펴보자. '일러스트를 그리는 실력을 키운다'를 실천할 과제는 다음과 같이 분해할 수 있다.

- 전문적인 기술을 배운다(본업을 효율화해서 시간을 만든다)
- 기술을 가르쳐줄 전문가나 수업을 찾는다
- 작품에 대해 피드백을 해줄 사람을 찾는다
- 작업에 필요한 도구나 재료를 다양하게 익힌다
- 전문학교나 학원 강의 수강, 도구를 사기 위한 비용을 마련한다
- 함께 실력을 키울 동료를 구한다

일러스트를 그리는 실력을 키웠다면 직업으로 삼고 전문가로 거듭나는 준비를 위해서 다음의 조건들도 필요할 것이다.

- 소통 기술
- 영업·홍보 능력
- 개인·기업·업계 네트워크
- 본업을 효율화하는 업무 방식

기간을 설정하여 실현 가능성을 배로 높인다

이제 언제까지 무엇을 해내면 실현 가능한지 그 과정을 기간으로 분해한다.

살펴본 사례에서 고려해야 할 최우선 과제는 자원의 확보다. 본업을 효율화해서 여유 시간을 더 확보하거나 본업의 수입을 늘릴 수 있는 방안을 마련하는 일에 우선 힘써야 한다.

예를 들어 '2년 후에 전문 일러스트 작가가 된다'라고 목표 기간을 설정했을 경우, 현재 일주일에 다섯 시간을 확보할 수 있다면 월 20시간을 2년에 걸쳐 쓸 수 있다. 혹은 현실적으로 당장 시간을 마련하기 어려울 수 있다. 본업에서 하는 업무 프로젝트 때문에 1년 10개월이 지난 후에야 주당 다섯 시간이 생긴다고 가정했을 때 2개월간 40시간밖에 확보하지

[그림 4-7] 목표 실현 과정을 기간으로 분해한다

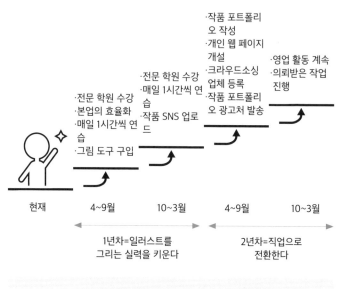

무엇부터 해야 좋을지 생각해서 기간으로 분해한다

못한다.

이런 상황에서는 다음과 같은 방향으로 계획을 세우고 실행해 나간다.

- **일러스트를 그리는 실력을 키운다**(1년차)

  -1년간 전문 학원에 다닌다

작게 나누어
생각하기

-본업을 효율화하고 여유 시간에 매일 1시간씩 연습한다

-필요한 도구를 구입한다

-인스타그램에 작품을 업로드하고 반응을 살핀다

• **직업으로 전환한다**(2년차)

-작품 포트폴리오를 만든다

-개인 웹 페이지를 만든다

-이미지 크라우드소싱 업체에 등록한다

-작품 포트폴리오를 기업·관공서에 보낸다

돈에 쫓기지 않고
자유롭게 일하고 싶다면

요즘은 대부분 '돈에 쫓기지 않으면서 자유롭게 일하고 싶다'라는 생각을 가진 사람이 많다. 주변에서 이런 목표를 실현하려는 사람들을 심심치 않게 만날 수 있다. 많은 사람이 이루고 싶어 하는 경제적 자유와 자유롭게 일하는 삶이라는 목표에 관해 생각해보자.

돈에 쫓기지 않으며
자유롭게 일하는 삶이란?

'돈에 쫓기지 않으면서 자유롭게 일하고 싶다'라고만 말하면 의미가 조금 모호하다. 자신이 이상적으로 생각하는 그런 삶이 어떠한 모습인지 분해해서 이미지를 좀 더 분명하고 구체적으로 그리자.

부와 일의 이상적인 균형은 사람마다 다르다. 일례로 내 주변 사람들은 '재미있는 일을 많이 하고 싶다'는 유형이 많다. 자신이 하고 싶은 일을 하는 데 몰두하기 때문에 수입이 생겨도 그 돈을 쓸 시간이 없다. 그래서 돈을 버는 것에 그다지 집착하지 않는 편이다. 그들에게는 지금의 삶이 돈에 쫓기지 않으면서 자유롭게 일하는 이상적인 삶이다.

한편 일과 사생활의 균형을 중요하게 생각하는 사람들도 있다. 일을 좋아하기는 하지만 너무 일에 파묻혀 살지 않고 사생활도 충실히 하고 싶다는 가치관을 갖고 있다. 사생활을 충분히 즐기려면 일정 수준의 돈이 필요하다. 즉 자유롭게 일하면서 여유 시간을 확보하고 돈도 효율적으로 벌 수 있는 방향을 원한다. 이 또한 돈 버는 일에 집착하지 않으면서 자유롭게 일하는 이상적인 상태다.

그렇다면 각자 자신이 원하는 이상적인 삶을 '돈', '시간', '장소'를 기준으로 분해해보자. 예를 들면 다음과 같다.

- 돈: 연 수입은 1억 원이면 좋겠다

- 시간: 오전이나 오후 중 여유 시간을 확보하고 싶다. 월 100시간만 일한다
- 장소: 고정된 곳이 아닌 전 세계 어디든 원하는 곳에서 일하고 싶다

이렇게 구체적인 이상향을 그리면 자신이 생각하는 경제적 자유와 자유롭게 일하는 삶의 모습이 훨씬 뚜렷해진다.

실현하는 방법은 어떻게 구체화할까?

먼저 연 수입 1억 원을 달성하려면 어떤 일을 해야 할지 생각해보자.

직업을 분해하면 본업과 부업으로 나눌 수 있다. 이때 일하는 시간을 월 100시간으로 설정했으므로 회사원을 본업으로 삼는 것은 현실적으로 어려울 것이다. '내가 이상적으로 여기는 삶을 실현한 사람은 무슨 일을 할까?', '돈은 어떻게 벌고 있을까?'를 분해하여 살펴보니 개인사업을 하는 경우가 많다고 가정해보자. 이를테면 고객의 의뢰를 받아서 하는 일, 근무 환경과 조건을 직접 정할 수 있는 일이다.

작게 나누어
생각하기

개인사업으로 방향을 정했다면 연 수입 1억 원, 월 100시간 근무, 장소에 구애받지 않는 조건의 사업이 무엇인지 목록으로 작성한다. 그리고 그중에서 자신이 할 수 있는 일이나 당장은 어렵지만 장기적으로 도전하고 싶은 일을 꼽는다.

그리고 그 일을 실현하기 위해 해야 할 과제들을 기간으로 분해해 생각한다.

[창업을 위한 3개년 계획]

- **어떤 사업으로 독립할 수 있을지 결정한다**(1년차)

  -이미 창업한 경험자에게 조언을 구한다

  -내가 할 수 있는 사업은 무엇일지 분석한다

  -사업 계획을 세운다

- **부업으로 시도한다**(2년차)

  -크라우드펀딩 업체에 등록한다

  -잠재고객이 되어 피드백해줄 수 있는 지인을 모은다

  -충성고객이 될 수 있는 고객을 모은다(목표 고객수를 정한다)

  -실현 가능성을 확인하면 퇴직을 준비한다

- **창업을 준비한다**(3년차)

  -퇴직한다

-사업자등록을 한다

-회사 홈페이지를 제작한다

-명함 및 기본 소개 자료를 작성한다

-사업 활동을 시작한다

내가 원하는 삶을 실현한 방법

직장인의 삶에서 창업자의 삶을 살게 된 나의 경험이 도움이 되기를 바라는 마음으로 나는 어떻게 이상적인 삶을 실현했는지 잠시 이야기하겠다.

내가 스마트뉴스를 그만두고 문샷이라는 회사를 창업했을 때 했던 생각은 '앞으로 어떻게 하면 자유롭게 살 수 있을까?'였다. 먼저 '자유롭게 사는 삶'이 어떤 모습인지 곰곰이 생각한 뒤 '돈과 시간에 여유가 있고 원하는 일만 할 수 있는 것'이라고 정의했다. 더 구체적으로 분해하기 위해 '연 수입 3억 원, 월 50시간 근무'로 수치화했다. 일반적으로 생각했을 때 도저히 무리라고 생각되는 목표였지만 나는 여기서 멈두지 않고 '하고 싶지 않은 일'도 분해해서 열거해봤다.

- 자료 작성은 하고 싶지 않다
- 마감일을 엄수해야 하는 일은 하고 싶지 않다
- 가치관이 다른 사람과는 일하고 싶지 않다

용기를 내어 창업을 선택했다면 최대한 만족할 수 있는 조건을 추구하고 싶었다.

그런데 당시 고민되는 문제가 생겼다. 마케팅 업계에서 같이 일한 선배들이 독립한 시기와 겹쳤던 것이다. '마케팅 컨설턴트' 사업을 할 경우 서로 경쟁하는 상황이 생길 수밖에 없고 또 성과도 비교되는 일들이 벌어질 것이 뻔했다. 이런 일은 정말 원하지 않았기 때문에 다른 사업으로 목표를 실현하겠다는 결심을 했다.

창업을 하면서 전혀 경험이 없는 분야에 뛰어들 수는 없었기 때문에 나의 이력을 살리면서도 '아직 누구도 시도한 적 없는 사업'이 무엇일지 파고들었다. 일종의 반대 요소를 생각하는 방식이었다.

살펴보니 컨설턴트와는 결이 살짝 다른 어드바이저adviser 라는 분야가 있다는 것을 알게 되었다. 경영자와 임원을 상대로 생각과 의견을 주고받는 역할을 하는 것만으로 해당 기업

[그림 4-8] 이상적인 삶을 실현할 수 있는 방법을 분해한다

어떡하지?

막연한 고민은 그만하고 구체적으로 분해하며 생각한다

자유롭게 일한다는 것은?	얼만큼의 돈과 시간이 필요한가?	하고 싶지 않은 일은?	동종업계 사람과 창업 시기가 겹쳤다	어떻게 해야 실현할 수 있을까?
돈과 시간에 여유가 있고 원하는 일만 할 수 있다	연 수입 3억 원, 월 50시간 근무	자료 작성, 마감일 엄수, 가치관이 다른 사람과 협업	차별화해서 경쟁한다?	아직 누구도 시도한 적 없는 일이라면?
지금까지 일에 얽매여 살았다	도저히 불가능한 일 아닐까?	바라는 게 너무 많을 수 있다	결국 회사일과 다를 바 없다	어드바이저라는 직업이 있군!

이 성장하는 데 일조하는 직업이었다. 이 일이라면 자료를 작성할 필요도 없고, 마감에 얽매일 일도 없으며 단시간에 성과를 낼 수 있겠다는 생각이 들었다.

수치로도 계산해보니 시간당 300만 원의 보수를 받으며 한 회사당 4시간 정도 투여한다고 가정했을 때 연 수입 3억

원이 실현 가능해보였다. 이와 같은 분해사고의 과정을 거치며 내가 이상적으로 생각했던 삶을 사는 지금의 모습을 실현하게 된 것이다.

만약 목표로 삼은 시간당 보수를 10~30만 원 정도로 현실적으로 조정했다면 클라이언트 회사의 임원급하고 일했겠지만 300만 원씩 들여야 하는 일이므로 경영자가 직접 나서서 일을 했다. 그러다보니 훨씬 더 직접적이고 빠르고 확실하게 회사의 성과가 달라지는 결과를 만들 수 있었고 사업적인 시장가치도 눈에 띄게 높아지기 시작했다. 이상적으로 생각하는 목표를 포기하지 않고 끝까지 분해해 구체화한 덕분에 가능한 일이었다.

이상적인 목표를 생각할 경우 '프리랜서가 되고 싶다', '웹과 관련된 일을 밥벌이로 삼고 싶다' 등 하고 싶은 일을 기준으로 생각하는 사람이 많다. 반면 하고 싶은 일을 딱히 찾지 못했다면 이루고 싶은 것을 기준으로 분해하는 방법도 있다. 나의 경험에서 소개한 예와 같이 '자유롭게 일하고 싶다', '자료 작성 같은 일은 하고 싶지 않다' 등 자신이 원하는 상황을 기준으로 생각하면 도움이 된다.

이루고 싶은 목표를 설정한 후에는 분해사고 플로차트(그림 4-1 참고)에 대입해 구체적으로 생각해 나가기 시작해야 한다. 지금까지 '왜 이 목표를 설정했는가?'를 분해했으므로 이제 필요한 능력이나 조건을 다음과 같이 폭넓게 생각해본다. '3회 정도 테스트 안건을 만들어 연습해볼 필요가 있어.', '시간당 보수로 300만 원을 받을 수 있는 제안 방법도 공부해야 해.', '어드바이저 일을 하는 데 특별한 자격은 필요 없구나.', '가족의 지원도 딱히 필요 없어.', '일 자체는 개인사업자로 할 수 있어. 다만 대기업과 일하게 될 경우 장기적으로는 주식회사를 창업하는 방향도 고려해야 해.', '일단 성공한 컨설팅 회사에서 단기간 일해보는 것도 하나의 방법일지 몰라.'

이제 앞으로 해야 할 과제를 언제까지 무엇을 해냈을 때 목표가 실현 가능해지는지 시간으로 분해하는 일만 남았다.

이룰 수 없는 목표라고 생각하기 전에

요즘 또 많은 사람이 목표로 삼는 일이 하나 있다. '인플루언서가 되어 수익을 얻는다'는 것이다. 그런데 대부분 이 일을 실현하기에 어렵다고 생각한다. 이미 많은 사람이 성과를 내서 자리잡고 있고, 알고 배워야 할 것이 너무 많다고 여기는 것이다.

지금 내가 20대인 사람들을 보면서 재미있다고 느끼는 점은 인플루언서가 되어 광고 수입을 올린다는 것이 비교적 평범한 선택지가 되고 있다는 사실이다. 이런 상황에 크게 공헌하는 것이 바로 틱톡TikTok이다. 유튜브나 인스타그램에서 구독자나 팔로워를 늘리는 것은 쉬운 일이 아니다. 유튜브의 구독자를 늘리려면 적어도 10분짜리 영상을 지루하지 않게 제작할 수 있는 기획과 편집 능력이 요구된다. 또 인스타그램의 경우 누가 봐도 시선을 사로잡을 정도로 시각적으로 자극이 되는 경험이나 콘텐츠가 노출되어야 한다. 그에 비해 틱톡의 동영상 콘텐츠는 대부분 15초에서 길어야 1분으로 분량이 매우 짧으며, 개성적이고 재미있는 콘텐츠를 제공할 수만 있다면 쉽게 많은 사람이 시청한다.

초기에는 틱톡의 동영상 특징 때문에 상품이나 서비스를 어필하는 힘이 약하다는 견해가 일반적이었다. 그러나 최근 조사에 따르면 사람들이 물건을 사기까지의 소요되는 시간이 점점 단축되고 있어 이제는 15초만에 판단하고 구매하는 경우가 많다는 사실이 밝혀졌다. 이는 최근 SNS에서 가장 많은 이용자를 확보하고 관심을 받는 것이 틱톡이나 인스타그램의 릴스라는 점에서도 충분히 알 수 있다. 즉 비즈니스 시장으로서 가치가 있다는 의미다.

게다가 틱톡은 시스템상 팔로워 수나 '좋아요' 수가 갑자기 폭증하는 경우가 적지 않기 때문에 비교적 많은 사람에게 기회가 열려 있다. 사람들이 짧은 시간에 콘텐츠를 즐기며 그

찰나의 순간에 소비자가 되어 구매 버튼을 누르게 됨에 따라 인플루언서가 수익 구조를 만들어내는 허들이 단번에 낮아진 것이다.

현재는 다양한 기업에서 인스타그램과 틱톡에 공식 계정을 만들어 홍보 채널로 활용하고 있다. 20~30초짜리 TV광고를 하기보다 인스타그램이나 틱톡의 콘텐츠를 충실하게 제작하는 편이 고객에게 더 큰 반향을 불러일으킬 수 있다고 판단한 것이다. 그러다보니 SNS 채널로 홍보하는 업무를 맡은 사람들이 시간과 장소에 얽매이지 않으면서 재미있게 일하고 성과도 낼 수 있는 일을 할 수 있어 업무 만족도가 높다.

세상이 이처럼 이전과 다르게 크게 변화하고 있고 더 이상 과거의 가치관이나 일하는 방식에 따르는 것이 중요하지 않게 됐다. 또 무엇보다 절대적인 시간이나 노력을 들이기보다 효율적으로 생산성 있게 성과를 올리는 방식에 더 주목하는 시대가 됐다. **그러므로 오래된 선입견에 갇혀 섣불리 이뤄내기 힘든 일이나 목표라고 생각하지 말자. 자신이 하고 싶은 일을 순수하게 추구하고 도전하는 것이 앞으로 훨씬 가치 있는 결과로 이어질 것이다.**

작게 나누어
생각하기

이렇게 하면
목표를 쉽게 이룰 수 있다

하고 싶은 일이나 이상적인 목표를 일단 정했다고 절대 바꿀 수 없는 것은 아니다.

'처음 이 일을 시작할 때 세웠던 목표를 꼭 지켜서 달성하고 싶어.'

'지금까지 계속 노력해 왔는데 이제 와서 목표를 바꾸고 싶지 않아.'

이런 마음이 드는 것도 이해하지만 진짜 이루고 싶은 목표라는 확신이 없으면서도 집착하는 것은 더 나은 선택지를 줄일 뿐이다.

"당신의 롤모델은 누구인가요?"라고 물으면 자신이 지금 하고 있는 일과는 전혀 다른 분야에 있는 사람을 언급하는 사람이 있다. 이때 나는 그 사람에게 이렇게 조언한다. "지금의 방향성으로 5년을 계속 더 일해도 롤모델이라고 생각하는 사람과는 전혀 다른 목표에 머물 뿐인데요. 이루고 싶은 삶에는 조금도 가까워질 수 없습니다. 오히려 반대로 나아갈 뿐이죠." 그제서야 자신의 목표 현실을 깨닫는 경우가 적지 않다.

또 목표를 세웠던 당시의 나와 지금의 나를 별개의 사람이라고 생각하며 목표를 재검토하는 것이 좋다. 생각이나 가치관은 얼마든지 달라질 수 있고 또 주변 환경이나 상황도 분명 다를 수 있기 때문이다. 그러므로 이미 정해진 목적이나 목표라 하더라도 무조건 고집할 필요는 없다.

가능한 목표는 다양한 변화를 인식하며 필요에 따라 유연하게 수정해야 한다. 과거의 연장선상에서 생각하기보다는 자신이 원하는 전혀 새로운 길을 얼마든지 선택해도 된다는 사실을 잊지 않으면서 자신이 진짜 이루고자 하는 목표인지 항상 묻길 바란다.

장기적인 관점에서 생각하자

이상적인 목표를 생각할 때 중요한 점은 장기적인 관점에

작게 나누어
생각하기

서 최종적으로 어떻게 되고 싶은지 구체적으로 그리는 것이다. 흔히 자신의 목표를 말할 때 '3개월 뒤 외국에 나가고 싶다', '1년 후에 창업하고 싶다' 등 단기적인 관점에서 모호하게 답하는 사람이 많다. 5년 후나 10년 후에 어떻게 살고 싶은지를 구체적으로 이야기하는 사람은 거의 없다. 눈앞의 일만 생각하는 게 쉽기 때문이다. 그러면 시간이 흐를수록 점점 더 자신이 원하는 삶이 무엇인지 모른 채 막연한 목표만 세우다가 길을 잃게 된다. **장기적인 관점에서 목표를 우선 세워야 자신이 이상적인 삶으로 생각하는 방향성을 알게 된다.** 그후 앞으로 해야 할 과제를 발견하게 되고 그 안에서 단기적으로 이루고자 하는 분명한 목표를 얼마든지 세울 수 있다.

주변의 많은 정보에 귀를 기울이자

하고 싶은 일을 결정할 때는 정보를 많이 아는 것이 중요하다. 내가 창업할 때 알게 된 '누구도 시도한 적 없는 일'이나 '인플루언서가 되어 얼마든지 수익을 창출할 수 있다'와 같은 관점 등이 그렇다. 평소 미처 생각하지 못했거나 자신의 경험과 지식만으로는 떠올릴 수 없는 선택지를 발견하면 훨씬 더 실현 가능한 목표를 만들 수 있다. 앞에서 강조했듯 세상은 빠르게 변하고 있으므로 과거의 편견에 갇히지 말고 주변의 많은 정보에 귀를 기울이며 자신이 이루고자 하는 진짜 목표를 발견하길 바란다.

'방법이 없어'를 '방법은 있어!'로 바꾼다

목표를 세울 때 '(실현할) 방법이 없다'라고 판단되면 쉽게 포기하거나 모호한 목표를 세우기 일쑤다. 진짜 이루고 싶은 것을 어떻게 실현할지 분해사고하는 사람이 생각보다 많지 않다.

'주어진 목표대로 무조건 애쓰는 수밖에…. 회사에서 일하는 이상 방법이 없어.'

'내가 되고 싶은 롤모델처럼 거듭나고 싶지만 환경이 너무 달라서 그 사람처럼 되기는 무리야. 방법이 없어.'

이렇게 방법이 없다고 생각하는 이유는 방법을 '생각하지 않기 때문'이다. 바꿔 말하면 방법만 알면 이상적인 목표에 도달할 수 있다는 의미다.

작게 나누어 생각해보자. 지금까지 방법이 없다고 포기했던 목표를 이뤄낼 방법이 있는 목표로 전환할 수 있다. 쉽게 말해서 방법이 없다고 생각한 이유를 분해해 생각한다. 안 된다고 생각한 요소에서 오히려 방법이 될 수 있는 힌트를 발견할 수 있다.

이뤄낼 방법을 찾으려 하지 않으면 안 되는 이유만 생각하게 된다. 실현할 방법이 없다고 생각했던 목표가 무궁무진한 방법들로 넘쳐나는 목표로 바뀌는 것은 오직 자신의 마음가짐에 달렸다.

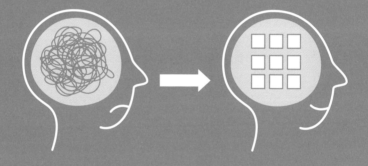

제5장

여럿이 나누면

더 선명해 진다

SNS에서
많은 사람과 의견을 나눠보자

　제5장에서는 문제를 더 선명하게 파악하도록 해상도를 높여 생각하는 습관에 관해 이야기하겠다. 내가 실제로 일상 속에서 매일 실천하는 습관들로, 폭넓게 사고하는 데 많은 도움이 된다.

　평소 나는 SNS를 통해 다양한 사람과 의견을 교환하는 것을 중요하게 생각한다. 매일 회사 동료들하고만 이야기를 나누면 아무래도 내부의 관점에서 바라본 논리에 맞춰 생각하게 된다. 과제를 해결하거나 새로운 기획을 구상할 때도 고정된 논리에서 벗어나지 못한다. 이런 고민은 누구나 한 번쯤 해봤을 것이다. 이럴 때 자신이 세운 가설이나 아이디어를 SNS에서 다루어 회사 영역 밖에 있는 사람들과 의견을 나눠보는 것을 추천한다.

나는 하루에 약 100명에 가까운 사람과 의견과 정보를 주고받는다. '매일 그렇게 많은 사람과 대화할 시간이 있어?' 라는 의문이 들겠지만 SNS를 활용하면 의외로 어렵지 않게 할 수 있다. 이를테면 인스타그램이나 트위터에 간단한 발상 하나를 적어 올린다. "메타버스가 틀림없이 △△ 분야에서도 쓰일 거라고 생각하는데 어떻게 생각하세요?" 이렇게 나의 의견과 상대방의 생각은 어떤지 듣고 싶은 점을 분명히 말하기만 해도 많은 사람과 소통할 수 있다. 약 100명 정도의 의견을 수렴하면 해당 주제에 관한 대중의 관점을 파악할 수 있다.

'나하고 똑같이(다르게) 생각하는 사람이 꽤 많구나.'

'이 문제에 흥미를 가진 사람이 적네.'

소통하는 인원 수의 기준을 두면 통계적으로 가늠해 판단할 수 있다. 창업가정신을 가진 사람이라면 대다수가 불가능하다고 말하는 상품이나 서비스 사업에 오히려 도전해봐야겠다는 결정을 할지도 모른다.

특히 여러 가지 주제에 대해 이야기하다 보면 사람들이 진짜 관심 있어 하는 것이 무엇인지 깨달을 수도 있다. '메타버스에 관해서는 전혀 반응이 없었는데 NFT를 언급하니 재테크와 연계해 관심이 높은지 반응이 굉장하네.' 혹은 부정적인 의견이 주를 이루는 상황을 살피며 이 영역에서 일어나는 변화나 문제를 더 해상도 높게 살펴 생각할 수 있다.

혼자서는 모두 파악할 수 없거나 정보를 알 수 없는 다른 분야의 소식도 얻을 수 있기 때문에 생각의 폭이 넓어지고 사고의 정밀도도 높아진다.

훨씬 생산적인 논의를 할 수 있다

업무 문제로 고민이 있을 때 많은 사람이 회사 내부 문제로 외부 사람과 이야기할 수 없고 상사나 동료에게 이야기해도 '잘 모르겠다'는 반응이 돌아와 혼자 고립되기 쉽다. 방법을 찾지 못한 채 '어떻게든 내 머리로 생각해야만 해'라는 상태에 머문다.

커다란 문제를 작게 나누어 생각하는 분해사고의 장점은 여기서 발휘된다. **만약 주변에 의견을 구하고 싶을 때 하나부터 열까지 전부 설명해야 하거나 '무슨 말인지 모르겠다'라는 말을 듣는다면 현재 당신이 문제를 정확하게 파악하지 못하고 있다는 의미다.** 문제를 분해하면 장황하게 배경을 설명하거나 회사 내부 사정을 일일이 드러내지 않고도 자신이 필요한 부분만 짚어서 의견을 요청할 수 있다.

예를 들어 문제를 제대로 살피지 않고 외부 사람과 의견을 나누면 이렇게 말하게 된다. "현재 회사의 매출액이 5억 원인데 10억 원까지 올려야 합니다. 어떻게 해야 할까요?" 즉 필요 이상으로 내부 사정을 언급해 버린다.

그러나 문제 상황인 매출액을 분해해 고객수와 객단가를 들여다보니 '객단가가 낮다'는 문제로 더욱 구체화된다. 이제 외부에 묻는 질문이 달라진다. "객단가를 2배로 올릴 좋은 전략이 있을까요?" 이렇게 불필요한 언급 없이 다른 사람들의 의견이 필요한 사항만 콕 짚어서 물을 수 있는 것이다.

나아가 분해사고의 기준 자체를 논의해볼 수도 있다.

"매출을 높일 방법을 고민 중입니다. 매출액을 고객수와 객단가로 나누어 살펴보니 객단가를 높이는 방법으로 ○○ 이라는 방식을 적용해볼 수 있겠더군요. 어떻게 생각하시나요?"

"애초에 매출액을 꼭 고객수와 객단가로 분해하는 것이 맞나요? 다른 요소도 고려해야 할 것 같아요."

"요즘은 어떤 상품이나 서비스든 SNS로 마케팅했을 때 매출액에 큰 영향을 주더군요. SNS와 관련된 매출을 기준으로 다시 분해해서 생각해보는 게 어떨까요?"

이런 식의 유의미한 피드백을 주고받을 수도 있다.

이렇듯 더 다양한 관점을 받아들이고 이를 토대로 생각하면 혼자서는 파악할 수 없었던 문제의 세세한 부분까지 구체적으로 살펴보게 된다. 무엇보다 훨씬 생산적인 논의도 가능해진다.

답을 쉽게 얻으려면
이렇게 물어라

주변에 의견이나 조언을 구할 때 방법이나 과정을 복잡하게 만드는 경우가 있다. 이메일로 장황하게 설명을 한다거나 약속을 잡고 직접 만나서 상세하게 이야기를 나누고 싶어 하는 것이다. 이렇게 하면 상대방이 아무리 친한 관계에 있는 지인이더라도 괜한 시간을 빼앗긴다는 인상을 가지게 된다.

또 질문을 할 때 격식을 챙겨 중언부언 말을 길게 늘어트릴 필요도 없다. 통화를 하거나 메신저로 대화할 때 상대방이 서론만 길게 늘여놓거나 본론은 말하지 않은 채 예의를 차리는 말만 계속한다면 어떤 생각이 드는가?

"안녕하십니까. ×××입니다. ○○건으로 많은 도움을 주셔서 진심으로 감사드립니다. 이번에는 □□에 관해 논의

작게 나누어
생각하기

드리고 싶은 것이 있어서 이렇게 연락을 드리게 되었습니다. 먼저 배경을 설명드리면 이런저런 상황이…. 그래서 오늘 여쭙고자 하는 것은…."

이런 식으로 질문하면 상대방은 오히려 더욱 부담스럽게 느껴지거나 '도대체 무슨 말을 하고 싶은 거야?'라고 생각하게 될 것이다. **도움말을 구할 때 가장 필요한 것은 격식을 챙긴 표현이 아니라 '무엇에 관한 의견이 필요한지' 분명하게 전달하는 것이다.**

또 의견을 물을 때 "저는 이렇게 생각합니다만…", "간단하게라도 좋으니 편하게 말씀해주세요."라는 식으로 전제를 덧붙이는 편이 좋다. 상대방의 입장에서는 의견을 구하고자 하는 것이 무엇인지 더 명확하게 이해할 수 있고 또 부담 없이 자신의 의견을 꺼내놓을 것이다.

편하게 묻고 쉽게 의견을 얻자

다양한 사람들의 의견을 한 번에 쉽게 청취할 수 있는 채널은 단연 SNS다. 의견을 구하는 창구로서 SNS를 활용하고 싶다면 평소 이용자들과 간단한 정보를 주고받도록 하자. 지금 하는 일이나 몸담고 있는 분야에 대한 단상이나 고민, 공유하고 싶은 소식 등을 업로드하거나 다른 이용자들의 콘텐츠에 댓글을 쓰는 등 꾸준히 소통하는 것이 좋다. 정보를 활발히 주고받을수록 얻게 되는 의견이나 생각, 정보들의 양과 질도 더욱 좋아진다.

중요한 것은 자신의 의견이나 정보를 빼먹지 않는 것이다. 일방적으로 질문만 계속하거나 필요한 정보를 알려달라는 식으로 요청을 남발하면 상대방에게는 '소통'으로 느껴지지 않을 것이다. 유용한 정보가 있으면 업로드하여 공유하고, 도움 의견을 구하는 게시물이 보이면 관심을 갖고 답변해주는 자세가 필요하다.

공간과 시간의 제약 없이 누구나 자유롭게 서로 의견과 생각을 주고받을 수 있는 좋은 도구가 있다면 제대로 활용할 수 있어야 한다. **SNS는 분해사고에 도움이 되는 많은 정보를 제공해주는 훌륭한 도구다.**

SNS뿐 아니라 주변에서 도움이 되는 의견을 답해주었다면 '왜 그렇게 생각했는가'도 물어보자. 그 이유나 설명을 들으면 다른 방식으로 분해사고를 해볼 수 있는 힌트를 얻게 된다. 특히 풀리지 않았던 문제를 고민하고 있을 때 다양한 분해사고의 패턴을 고려할 수 있을 것이다.

만약 성공한 경험을 토대로 의견을 주는 경우에는 해당 의견을 하나하나의 요소로 나누어 따져 살펴보는 것이 좋다.

그렇게 발견한 요소들로 앞으로 해야 할 과제와 방법을 알아
내고 기간을 나누어 실천해 나가면 틀림없이 목표에 가까워
질 수 있다.

팀원과 함께
답을 찾는다

　평소 클라이언트 회사에 의견을 건넬 때 내가 답을 정해서 제시하는 일은 거의 없다. 만약 내가 "목표 매출액을 달성하려면 단가를 2배로 올려야 합니다."라고 말하면 현장에 있는 실무자들은 '왜'라는 의문을 느낄 것이다. 그렇게 생각한 논리의 중간 과정이 빠져 있어 납득이 되지 않고 주관적인 의견으로만 들리기 때문이다.

　"단가를 2배로 높이면 구매자가 절반 이하로 줄어들 수도 있지 않을까요? 오히려 매출이 떨어질 것 같은데요."

　이런 반대 의견을 내놓는 사람도 속출할 것이다.

　문제의 답이나 방법은 그 일을 하는 실무자들이 스스로 발견하고 수긍하면서 실천하는 것이 가장 중요하다. 그래서 나는 현장에서 일하는 사람들과 워크숍을 통해 함께 방법을 궁리하고 답을 찾아나간다.

이를테면 '매출 100억 원을 달성하기 위해 무엇이 필요한 가?', '사업을 어떻게 분해해야 하는가?'라는 주제로 워크숍을 연다. 모두 함께 논의하면 실무자들이 자신의 머리로 아이디어를 내게 된다.

"매출액을 달성하기 위해 단가를 절반 이상 낮추는 전략은 남은 시간상 옳지 않습니다."

"구매자를 2배로 늘리는 수밖에 없겠네요."

"구매자를 늘리는 것보다 단가를 2배 더 높이는 것이 효율적이지 않을까요?"

"우리 회사의 상품은 수주 기간이 너무 기니까 그 기간을 절반으로 줄이는 방법도 있겠네요."

업무 전략에 관해서는 실무자들이 가진 정보가 압도적으로 많으므로 실현 가능한 아이디어들이 속속 나온다. 그렇게 다양한 아이디어가 나온 상태에서 "그럼 어떤 방법을 우선적으로 시도할까요?"라고 물으면 대개 하나의 답으로 의견이 수렴된다.

결론이 나왔다면 남은 것은 실천뿐이다. 앞으로 해야 할 과제를 스스로 발견하고 결정하면 달성률도 훨씬 높아지고 만약 생각대로 잘 진행되지 않았을 때 방향을 재검토하며 빠르게 조정, 개선할 수 있다.

무엇보다 중요한 것은 일하는 사람들이 스스로 생각해서 답을 찾아내는 습관을 갖는 것이다. 팀원과 함께 문제와 목표를 분해하면 모두가 공유된 관점을 가지고 올바른 방향으로 나아갈 수 있다.

그러니 지시받은 대로 무작정 일하지 말고 우선 목표를 분해해 제대로 이해하고 해야 할 일이 무엇인지 정확히 파악하자. 스스로 생각해서 답을 찾아내는 습관을 들이면 확신을 가지고 일할 수 있으며 지금보다 높은 수준의 업무를 지향할 때도 도움이 될 것이다.

화이트보드나 종이에 적으면서 생각한다

팀원과 함께 문제나 목표를 분해사고할 때 화이트보드나 종이에 적으며 진행하도록 하자. 메모하는 것은 혼자 생각할 때도 중요하지만 특히 여러 사람이 함께 논의할 때 필수다.

사람들의 사고 습관은 저마다 달라서 함께 논의하는 자리에서 같은 의견을 공유해도 서로 다르게 받아들일 수 있다. 따라서 생각의 차이를 제대로 파악할 필요가 있다.

목표 매출액 100억 원을 달성하는 방안을 논의한다고 가정해보자. 어떤 사람은 상품 단가를 높이는 것을 생각하고 또 어떤 사람은 구매자 수를 늘리는 방향을 고려한다. 근무 인원을 늘리는 방법을 떠올리거나 내부 시스템 문제를 개선하자는 의견도 있을 것이다. 영업 능력이 뛰어난 사람은 '기업을 상대로 100억 원 규모의 구매 제안을 해보겠어'라고 생각할지 모르며, 팀을 운영하는 리더는 '팀워크를 발휘해서 10명이 각각 10억 원씩 분담해 달성해보자'라고 생각할 수 있다.

어떤 방향으로 나아가느냐에 따라 해야 할 일이 전혀 달라지는데 모두가 다른 방향성을 생각하는 상태에서 논의가 진행되면 결국 결과를 내지 못하거나 논의 후에 서로 다른 일을 하게 되는 일이 생긴다.

그러므로 목표를 분해하는 과정을 화이트보드나 종이에 적어 내려가며 시각적으로 함께 공유할 필요가 있다. 이렇게 논의 방향을 가시화해 의견을 나누면 일목요연해진다.

상품 판촉 방안에 대해 논의할 때 영업 부서의 담당자는 '대리점에 인센티브를 주자'라고 생각하고, 홍보 부서의 담당자는 'SNS 광고가 효과적이지 않을까?'라는 생각을 각자 하고 있다. 그런데 논의사항을 화이트보드나 종이에 적지 않아 계속 서로 다른 생각을 가지고 모호한 상태로 이야기가 진행되면 결국 논의가 꼬이게 된다.

"(지난 번 주력 상품은 매출 한 개당 1,000원씩 인센티브를 지급

했던 것 같은데⋯) 이번에는 상품 한 개당 얼마로 할까요?"

"네? (온라인에서 잘 팔리는 상품만 광고하는 게 나을텐데) 전체 상품을 다 할 생각은 아니겠죠?"

여러 사람이 이야기를 나누다보면 서로 '지금 무슨 이야기를 하는 거지?'라는 상황이 발생하고 갈등으로 번지기 쉽다. 논의가 탈선하는 일이 없도록 꼭 모두가 함께 볼 수 있는 곳에 적으면서 이야기를 진행하도록 하자.

작게 나누어
생각하기

'예를 들면?'이라는 질문으로 초점을 맞춘다

다른 사람들과 함께 분해사고를 할 때 다양한 선택지를 고려하되 하나의 답으로 의견을 모으는 일이 중요하다. **답을 찾는 과정에서 초점이 분산되지 않도록 잘 수렴하는 효과적인 방법이 "예를 들면?"이라고 묻는 것이다.**

구체적인 상황을 예로 살펴보자. 한 회사에서 새로운 사업을 진행하기 위해 관련 담당자들을 소집해 회의를 열었다. "영향력 있는 사람과 협업할 예정입니다. 각자 후보를 10명씩 추천해주세요." 그러자 회의 참석자 중 누군가 "예를 들면 비즈니스 분야에 있는 인물입니까? 아니면 인플루언서입니까?"라고 물었다. 그러자 이 질문을 시작으로 논의가 점점 발전하기 시작했다.

"주 고객이 직장인이 될 테니 아무래도 비즈니스 분야의 저명 인사가 낫지 않을까요?"

"그렇게 한정하지 말고 스포츠나 예술 분야의 인물도 포함시킵시다."

"엔터테인먼트 분야는 접점이 아예 없으니 제외하죠."

이처럼 '예를 들면'의 힘으로 점점 답을 향해 초점을 맞춰 나가는 것이다.

간혹 회의에서 "예를 들면요?"라고 질문하면 스스로 생각을 심도 있게 하지 못하는 사람으로 취급하는 경우가 있다. 혹은 상대방의 입장에서는 근거를 추궁당한다고 여기거나 무슨 말인지 이해할 수 없다는 지적으로 받아들여 무례한 질문이라고 생각한다.

하지만 이 질문은 분해사고의 기초다. 문제나 목표를 훨씬 더 구체적이고 확실하게 만들어주기 때문에 진짜 답에 쉽게 가까워질 수 있다.

'예를 들면'이라는 질문의 2가지 장점

상사가 질문을 하거나 업무를 지시할 때 애매모호하게 들리면 이렇게 말하는 경우가 있다.

작게 나누어
생각하기

"무슨 말씀인지 이해를 못 했습니다."

"무엇을 뜻하는지 잘 모르겠습니다. 정확히 어떤 걸 해야 한다는 건지요?"

아무리 조심스럽게 표현해도 상사의 입장에서는 일일이 설명해달라는 뜻으로 들리기 쉽다.

이때 '예를 들어'를 써서 질문하면 훨씬 더 원활한 소통이 가능해진다.

"예를 들어 △△의 경우가 있고, ▢▢의 경우도 있으며 ◎◎의 경우도 고려해볼 수 있는데 어느 쪽에 가깝습니까?"

이런 식으로 세 가지 사항을 예로 들어 질문하면 상대방의 입장에서는 '아, 이 점을 잘 이해하지 못했네'라고 생각하고 필요한 대답을 해줄 것이다.

또 '예를 들면'이라는 질문은 고객이 작업을 의뢰하거나 상품·서비스를 요청할 때 구체적으로 무엇을 원하는지 분해할 때 많은 도움이 된다. 실제로 내가 광고 영업을 했을 때 항상 클라이언트에게 사전 미팅을 요청해 "예를 들면 어떤 광고를 내보내고자 합니까?"를 묻곤 했다. 고객이 원하는 방향을 아는 것이 중요하기도 했지만 고객의 입장에서도 어떤 기획을 제안받을지 모르는 상태에서 미팅을 하는 것보다 필요한 방향으로 제안을 받았을 때 훨씬 더 수주율이 높았다.

그래서 나는 항상 미팅할 때 고객의 말을 귀 기울여 듣다가 "예를 들어 이런 것을 말씀하시는 건가요?", "예를 들어 이 것하고 이것 중에 어느 것을 뜻하는 걸까요?"라는 식으로 질문을 던져 고객의 니즈를 분해하는 데 집중했다. 그러면 결과물도 상대방이 원하는 목표에 가깝게 도출됐다.

"원하시는 것은 이것이 아닌가요?"

"오, 맞습니다. 이런 제안을 원했어요!"

"그러면 이대로 제안서를 작성하겠습니다."

한 시간 정도 미팅을 하며 이렇게 내용을 구체화한 뒤에는 제안서도 간단히 작성할 수 있었다.

상품이나 서비스를 파는 사람은 고객이 구매하면 그 가치는 끝일지 모르지만 사는 사람의 입장에서는 구매한 다음부터 가치를 얻기 시작한다. '어떻게 해야 잘 팔릴까?'보다는 '어떻게 해야 고객이 돈을 낸 가격 이상의 가치를 느낄 수 있을까?'를 생각하라. 그러면 반드시 잘 팔릴 수밖에 없고 매출의 선순환이 이뤄진다.

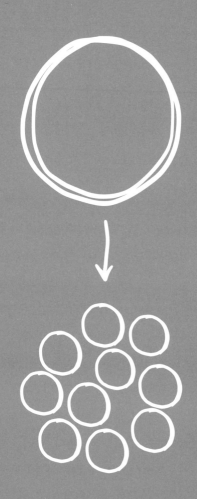

복잡할수록
작고 단순하게 생각하라

'어떻게 해야 더 좋은 결과를 얻을 수 있을까?'

이것은 내가 일할 때 늘 생각하는 질문이며 일을 하는 이유다.

지금까지 25년간 수많은 기업에서 일해오며 당연히 실패도 겪었지만 큰 성공을 거둔 적이 많다. 그 비결은 작게 나누어 생각하여 어렵고 복잡한 문제를 해결할 수 있었던 분해사고 덕분이다.

분해사고를 더 많은 기업의 과제를 해결하는 데 전략적으로 써보고자 문샷이라는 회사를 창업했다. 그리고 여러 클라이언트 회사와 함께 분해사고로 과제를 해결하고 완전히 달라진 성과를 이뤄냈다. 지금도 계속해서 그 회사들의 성장하는 모습을 지켜보고 있다.

그러다 문득 이런 생각이 들었다. '분해사고를 회사 차원이 아니라 개인이 일과 인생에서 성과를 이루고자 할 때 쓸 수 있다면 어떨까? 많은 사람이 더 좋은 결과를 얻고 성장하고 달라진 삶을 살 수 있지 않을까?'

이 질문은 동시에 '가능하다'는 확신이기도 했다.

그러던 어느 날 저명한 IT 전문가이자 베스트셀러 《프로세스 이코노미》의 저자 오바라 가즈히로尾原和啓가 그의 온라인 살롱 모임에 나를 초대했다. 당시 이 모임에서 분해사고에 관해 이야기했는데 오바라가 상당히 흥미롭고 재미있게 들었던 모양이다. 이 기회를 계기로 집필까지 제안받아 책을 쓰게 됐다.

오바라뿐 아니라 책을 함께 만들어준 출판사와 편집자의 신뢰 덕분에 또 이 책을 기다려준 많은 독자의 관심이 있었기에 예약 판매만으로 아마존 종합 1위라는 기록도 이뤄낼 수 있었다. 진심으로 감사의 인사를 전한다.

책을 시작하며 말했듯 오늘날 어떤 일이나 분야에서든 생산성을 중요시한다. 시간이나 노력 싸움보다 효율적으로 결과를 내는 두뇌 노동이 필요한 시대가 된 것이다. 결과를 내는 사고법은 단 하나의 정답이 있는 것이 아니라서 대학교나 MBA 강의에서도 여러 프레임워크나 MECE 같은 사고 개념

들을 알려준다.

그러한 방법론을 적용해보는 것도 도움이 되지만 나는 실제 현장에서 풀기 어려운 문제나 과제들을 마주하며 단 하나의 명쾌한 교훈을 얻었다.

'복잡할수록 작고 단순하게' 생각해야 한다는 것이다.

지금 이 책을 읽고 있는 당신은 틀림없이 내가 분해사고를 알게 되길 바랐던, 더 좋은 결과을 얻고자 하고 또 인생을 바꾸고 싶어 하는 바로 그 사람일 것이다. 당신도 나처럼 분해사고를 통해 원하는 인생의 변화를 이룰 수 있을 거라고 확신한다.

이 책을 다 읽은 뒤 인생의 변화를 이뤄낼 당신을 온 마음으로 응원한다.

작게 나누어
생각하기

옮긴이 김정환

건국대학교 토목공학과를 졸업하고 일본외국어전문학교 일한통번역과를 수료했다. 21세기가 시작되던 해에 우연히 서점에서 발견한 책 한 권에 흥미를 느끼고 번역의 세계를 발을 들였다. 현재 번역 에이전시 엔터스코리아 출판기획자 및 일본어 전문 번역가로 활동하고 있다. 경력이 쌓일수록 번역의 오묘함과 어려움을 느끼면서 항상 다음 책에서는 더 나은 번역, 자신에게 부끄럽지 않은 번역을 하도록 노력 중이다. 공대 출신의 번역가로 논리성을 살리면서 번역에 필요한 문과적 감성을 접목하는 것이 목표다. 역서로는 《MBA 마케팅 필독서 45》, 《사장을 위한 MBA 필독서 50》, 《MBA 리더십 필독서 43》, 《사장을 위한 회계》, 《회사개조》 등이 있다.

작게 나누어 생각하기

초판 1쇄 발행 2023년 10월 2일

지은이 스가와라 겐이치
옮긴이 김정환
펴낸이 정덕식, 김재현
펴낸곳 (주)센시오

출판등록 2009년 10월 14일 제300-2009-126호
주소 서울특별시 마포구 성암로 189, 1711호
전화 02-734-0981
팩스 02-333-0081
전자우편 sensio@sensiobook.com

ISBN 979-11-6657-121-3 03190

소중한 원고를 기다립니다. sensio@sensiobook.com